Bitte mit Sauce!

Bist du auch so ein Saucentiger wie wir? Dann ist dieses Buch genau das Richtige für dich! Internationale, klassische und neue Gerichte mit Fleisch, Fisch, Poulet, vegi und Pasta, dazu auch kalte Saucen und Dips ...

Wir haben uns während der Produktion in den siebten Saucenhimmel geschlemmt! Aber nicht nur wir: Täglich besuchten uns viele Mitarbeitende, angezogen von den herrlichen Düften. Sie schmausten uns die leckeren Saucengerichte keck vor der Nase weg. Kurz, wir hatten viele Fans.

Ob du auch Fan wirst von unseren Saucengerichten? Ganz bestimmt! Dieses Buch ist ein Eldorado für alle Saucentiger. Egal, ob du im Alltag nach Ideen suchst oder deine Lieben ganz besonders verwöhnen möchtest: Entdecke viele neue Lieblingsgerichte, alle mit viel feiner Sauce.

Dein Betty Bossi Team

Bitte mit Sauce!

Der einfachste Weg zum Genuss. Getreu unserem Motto haben wir alle Rezepte für dieses Buch entwickelt. Entdecke neue Lieblingsrezepte mit Sauce: zu Pasta, Fleisch, Poulet, Fisch oder vegetarisch.

Severino,
Rezeptredaktor

INHALT

Saucengerichte

Vegi-Tipp

EINS, ZWEI, DREI
fertig ist die Sauce

1 Bratsatz

Das Anbraten von Fleisch oder Poulet ergibt leckeren Bratsatz für deine Sauce.

2 Ablöschen

Giesse Bouillon, Wein oder eine Spirituose (Ideen S. 6–7) zum Bratsatz, löse den Bratsatz auf, lass die Flüssigkeit etwas einkochen, dann nur noch abschmecken, fertig ist dein Jus.

Für cremige Saucen

③ Milchprodukt beigeben

Wenn du eine sämige Sauce möchtest, gibst du Vollrahm oder Saucen-Halbrahm (weitere Ideen S. 8–9) bei, gut verrühren und etwas einkochen, nochmals abschmecken.

Abschmecken

- Jus: Salz und Pfeffer, evtl. noch etwas Paprika oder Zimt.
- Rahmsauce: Salz und Pfeffer, evtl. noch etwas Paprika, Curry, eingelegte grüne Pfefferkörner oder Zitronenschale.
- Weitere Ideen findest du auf S. 10–11.

RAFFINIERT verfeinern

Mit Wein und Spirituosen kannst du deine Saucen raffiniert abrunden. Alkoholfreie Alternativen findest du unten.

Weisswein

passt zu Kalb, Schwein, Poulet, Fisch, Käse und zu fast allen Gemüsesorten. Er sorgt für eine fein-säuerliche Note.

→ alkoholfreier Apfelwein

Rotwein

passt zu Rind, Lamm, Schwein, Poulet, Speck, Tomaten, Kürbis, Brombeeren und Trauben. Er sorgt für eine fein-säuerliche Note.

→ Traubensaft

Vermouth

passt zu Poulet, Fisch, Meeresfrüchten, Fenchel, Spargeln. Wähle trockenen weissen Vermouth (z. B. Noilly Prat). Er sorgt für eine süssliche Note.

→ Apfelsaft

Gut zu wissen

- Wichtig ist, dass du den Alkohol immer etwas einkochst, sonst dominiert er zu stark.
- Nach dem Anbraten von Fleisch bleibt wertvoller Bratsatz in der Pfanne. Wenn du diesen mit Flüssigkeit ablöschst und etwas einkochst, hast du einen feinen Jus oder eine prima Basis für eine Rahmsauce.

MACHT SCHÖN *sämig*

Milchprodukte machen deine Saucen herrlich cremig-sämig. Auch Kokosmilch und pflanzliche Rahmalternativen eignen sich.

Gut zu wissen

- Halbrahm, saurer Halbrahm, Sauermilch und Joghurt flocken aus, wenn du sie kochst. Darum die Sauce nicht mehr kochen, sondern nur noch heiss werden lassen, wenn du das Milchprodukt beigegeben hast. Wenn eine Sauce Maizena enthält, kannst du Halbrahm auch aufkochen.
- Vollrahm, Saucen-Halbrahm, Mascarpone, Crème fraîche, Kokosmilch und pflanzliche Rahmalternativen kannst du gut und auch länger mitkochen.

Vollrahm
Saucen-Halbrahm
Haferrahm
Sojarahm
Frischkäse
Crème fraîche
Kokosmilch
Mascarpone

JUS & SAUCEN
würzen

Lass dich inspirieren, wie du deinen Jus oder deine Rahmsauce aufpeppen kannst.

Passt zu Rahmsaucen
Zitronenschale
Curry
grobkörniger Senf
Paprika
eingelegte Pfefferkörner
gebratene Champignons

SAUCENGERICHTE

international inspiriert

Schweinsgeschnetzeltes sweet and sour

25 Min. + 15 Min. marinieren · schlank · laktosefrei

2 EL	**Maizena**	Maizena, Essig, Sojasauce und Öl in einer Schüssel gut verrühren. Fleisch beigeben, mischen, zugedeckt ca. 15 Min. marinieren.
1 EL	**Reisessig**	
1 EL	**Sojasauce**	
1 EL	**geröstetes Sesamöl**	
500 g	**geschnetzeltes Schweinefleisch** (à la minute)	
1	**Rüebli**	Rüebli schälen, längs halbieren, in feine Scheiben schneiden. Peperoni entkernen, in Streifen schneiden. Ananasscheiben abtropfen, dabei den Saft auffangen. Ananas in Stücke schneiden, Bundzwiebeln in Ringe schneiden, wenig Grün beiseite stellen.
1	**gelbe Peperoni**	
1	**rote Peperoni**	
1 Päckli	**Ananasscheiben** (ca. 260 g)	
2	**Bundzwiebeln mit dem Grün**	
	geröstetes Sesamöl zum Braten	Wenig Öl in einer Bratpfanne heiss werden lassen. Fleisch portionenweise je ca. 1½ Min. braten. Herausnehmen, beiseite stellen. Hitze reduzieren, evtl. wenig Öl in dieselbe Pfanne geben.
2 EL	**Rohzucker**	Rüebli und Peperoni ca. 3 Min. rührbraten. Ananas und Bundzwiebeln ca. 3 Min. mitrührbraten. Zucker und Ketchup beigeben, Bouillon mit dem aufgefangenen Ananassaft dazugiessen, ca. 2 Min. köcheln. Fleisch wieder beigeben, nur noch heiss werden lassen. Beiseite gestelltes Bundzwiebelgrün darüberstreuen.
3 EL	**Ketchup**	
3½ dl	**Hühnerbouillon**	

Dazu passen: Reis, Nüdeli.

Portion (¼): 353 kcal, F 13 g, Kh 28 g, E 29 g

Betty
Family

Rotes Fischcurry

30 Min. schlank laktosefrei low carb

2	**Bundzwiebeln mit dem Grün**	Bundzwiebeln längs vierteln, in Stücke schneiden. Kürbis schälen, in ca. 5 mm dicke Stängel schneiden.
500 g	**Kürbis** (z. B. Butternut)	
1 EL	**geröstetes Sesamöl**	Wenig Öl im Wok oder in einer beschichteten Bratpfanne heiss werden lassen. Erbsli mit den Bundzwiebeln und dem Kürbis ca. 5 Min. rührbraten. Ingwer schälen, fein dazureiben, Knoblauch dazupressen, salzen. Currypaste kurz mitbraten. Bouillon und Kokosmilch dazugiessen, aufkochen. Hitze reduzieren, bei mittlerer Hitze ca. 8 Min. kochen.
200 g	**tiefgekühlte Erbsli,** angetaut	
2 cm	**Ingwer** (ca. 20 g)	
1	**Knoblauchzehe**	
¼ TL	**Salz**	
2 EL	**rote Currypaste**	
2 dl	**Gemüsebouillon**	
5 dl	**Kokosmilch**	
500 g	**Dorschfilet Royal** (MSC)	Fischfilet in ca. 5 cm grosse Stücke, Tomate in Würfeli schneiden. Beides in die Sauce geben, ca. 5 Min. bei kleiner Hitze ziehen lassen, dabei die Fischstücke einmal wenden. Korianderblättchen abzupfen, darüberstreuen. Limette heiss abspülen, trocken tupfen, in Schnitze schneiden, dazu servieren.
1	**Tomate**	
½ Bund	**Koriander**	
1	**Limette**	

Dazu passt: Parfüm- oder Basmatireis.

Portion (¼): 444 kcal, F 26 g, Kh 24 g, E 26 g

SPICE UP YOUR Thai-Curry

Damit dein Thai-Curry mit Kokosmilch ausgewogen schmeckt, braucht es neben Currypaste drei Dinge:

① Zucker

rundet das Gericht perfekt ab. Du kannst Palmzucker oder Rohzucker verwenden.

② Limettensaft

sorgt für eine frische Zitrusnote und eine angenehme Säure.

③ Fischsauce

Für Thai-Gerichte nimmst du Fischsauce statt Salz, sie steuert zudem viel umami bei.

Gut zu wissen

Currypasten aus dem Asia-Shop sind in der Regel schärfer als Pasten aus dem Supermarkt. Wenn du zu viel Schärfe nicht magst, nimm einfach weniger von der Paste.

Rezept →

Panang-Poulet-Curry

30 Min. laktosefrei

2 1 1 3 2 cm 4	**Rüebli** **rote Peperoni** **Schalotte** **Stängel Zitronengras** **Ingwer** (ca. 20 g) **Pouletbrüstli** (je ca. 160 g)	Rüebli schälen, in feine Scheiben schneiden. Peperoni entkernen, in Stücke schneiden. Schalotte schälen, fein hacken. Zitronengras quetschen, Ingwer schälen, fein reiben. Poulet in ca. 1 cm breite Streifen schneiden.
40 g ¼ TL	**Cashew-Nüsse** **Erdnussöl** zum Braten **Salz**	Nüsse im Wok oder in einer Bratpfanne ohne Fett rösten. Herausnehmen, grob hacken, beiseite stellen. Wenig Öl in derselben Pfanne heiss werden lassen. Poulet portionenweise je ca. 3 Min. rührbraten. Herausnehmen, salzen, beiseite stellen. Evtl. wenig Öl in dieselbe Pfanne geben.
5 EL 2 TL 1 TL 2 dl 5 dl 1	**rote Currypaste** (z. B. Panang) **grobkörniger Rohzucker** **Fischsauce** **Hühnerbouillon** **Kokosmilch** **Limette**	Rüebli und Peperoni ca. 3 Min. rührbraten. Schalotte, Zitronengras und Ingwer beigeben. Currypaste kurz mitbraten. Zucker und Fischsauce beigeben. Bouillon und Kokosmilch dazugiessen, aufkochen. Hitze reduzieren, bei mittlerer Hitze ca. 5 Min. kochen. Poulet in die Sauce geben, mischen, bei kleiner Hitze ca. 2 Min. köcheln, Zitronengras entfernen. Limette heiss abspülen, trocken tupfen, von einer Hälfte den Saft dazupressen, Rest in Schnitze schneiden.
1 Bund	**Koriander**	Koriander grob schneiden, mit den beiseite gestellten Nüssen über das Curry streuen. Limettenschnitze dazu servieren.

Dazu passt: Jasminreis.

Portion (¼): 570 kcal, F 33 g, Kh 25 g, E 44 g

Jasminreis zubereiten

Für 4 Personen: 300 g Reis im Sieb unter fliessendem kaltem Wasser abspülen, bis dieses klar ist. 4½ dl Wasser mit dem Reis aufkochen. Reis zugedeckt auf der kleinsten Stufe ca. 15 Min. quellen lassen, dabei den Deckel nie abheben. Reis mit einer Gabel lockern.

Grünes Gemüsecurry mit Tofu

40 Min. | vegan | schlank | laktosefrei | low carb

2	**Bundzwiebeln mit dem Grün**	Bundzwiebeln in ca. 4 cm lange Stängel schneiden. Broccoli in Röschen, Zucchini in ca. 1½ cm grosse Stücke schneiden, Kefen rüsten, halbieren. Kartoffeln schälen, in ca. 1½ cm grosse Würfel schneiden.
1	**Broccoli** (ca. 400 g)	
1	**Zucchini** (ca. 200 g)	
150 g	**Kefen**	
300 g	**fest kochende Kartoffeln**	
400 g	**geräucherter Tofu**	Tofu in je 8 Scheiben schneiden. Wenig Öl im Wok oder in einer beschichteten Bratpfanne heiss werden lassen. Tofu portionenweise beidseitig je ca. 3 Min. braten, herausnehmen. Wenig Öl in dieselbe Pfanne geben.
	geröstetes Sesamöl zum Braten	
¾ TL	**Salz**	Bundzwiebeln, Broccoli, Zucchini, Kefen und Kartoffeln ca. 4 Min. rührbaten, salzen. Currypaste kurz mitbraten. Wasser und Kokosmilch dazugiessen, aufkochen. Hitze reduzieren, bei mittlerer Hitze ca. 12 Min. kochen. Tofu wieder beigeben, heiss werden lassen.
3 EL	**grüne Currypaste**	
2 dl	**Wasser**	
5 dl	**Kokosmilch**	

Portion (¼): 511 kcal, F 31 g, Kh 30 g, E 24 g

Dieses schlanke Curry servierst du ohne Beilage, es enthält bereits Kartoffeln.

Gelbes Poulet-Crevetten-Curry

30 Min. laktosefrei

3	**Bundzwiebeln mit dem Grün**	Bundzwiebeln in Ringe schneiden, Maiskölbchen längs und quer halbieren.
250 g	**Maiskölbchen**	
	geröstetes Sesamöl zum Braten	Wenig Öl in einer beschichteten Bratpfanne heiss werden lassen. Poulet portionenweise je ca. 2 Min. braten, herausnehmen, salzen. Bratfett auftupfen, wenig Öl in dieselbe Pfanne geben.
400 g	**Pouletbrustwürfel**	
½ TL	**Salz**	
200 g	**rohe, bis auf das Schwanzende geschälte Crevettenschwänze**	Crevetten beidseitig je ca. 1 Min. braten, herausnehmen, salzen. Bratfett auftupfen, wenig Öl in dieselbe Pfanne geben.
¼ TL	**Salz**	
1 Dose	**Kichererbsen** (ca. 215 g)	Maiskölbchen ca. 3 Min. rührbraten. Kichererbsen abspülen, abtropfen, mit den Bundzwiebeln beigeben, ca. 2 Min. mitrührbraten. Currypaste und Kurkuma beigeben. Bouillon und Kokosmilch dazugiessen, aufkochen. Hitze reduzieren, bei mittlerer Hitze ca. 10 Min. kochen. Limette heiss abspülen, trocken tupfen, die Schale dazureiben und 1 EL Saft dazupressen. Poulet und Crevetten wieder beigeben, nur noch heiss werden lassen.
4 EL	**gelbe Currypaste**	
1 TL	**Kurkuma**	
2 dl	**Hühnerbouillon**	
5 dl	**Kokosmilch**	
1	**Limette**	
3	**Zweiglein Thai-Basilikum**	Basilikumblätter abzupfen, mit den Erdnüssen darüberstreuen.
40 g	**gesalzene Erdnüsse**	

Dazu passt: Parfüm- oder Basmatireis.

Portion (¼): 603 kcal, F 34 g, Kh 32 g, E 42 g

schön mild

Massaman-Curry mit Poulet

30 Min. schlank laktosefrei

400 g	**Rüebli**	Rüebli und Kartoffeln schälen, in ca. 2 cm grosse Stücke schneiden. Schalotte schälen, fein hacken, Knoblauch pressen. Zitronengras quetschen, Ingwer schälen, fein reiben.
400 g	**mehlig kochende Kartoffeln**	
1	**Schalotte**	
1	**Knoblauchzehe**	
3	**Stängel Zitronengras**	
2 cm	**Ingwer** (ca. 20 g)	
1½ EL	**geröstetes Sesamöl**	Öl im Wok oder in einer weiten beschichteten Bratpfanne heiss werden lassen. Rüebli und Kartoffeln ca. 4 Min. rührbraten, salzen. Schalotte, Knoblauch, Zitronengras, Ingwer und Currypaste beigeben, kurz mitrührbraten. Bouillon und Kokosmilch dazugiessen, aufkochen. Hitze reduzieren, bei mittlerer Hitze ca. 8 Min. kochen.
½ TL	**Salz**	
5 EL	**rote Currypaste** (z. B. Massaman)	
2½ dl	**Hühnerbouillon**	
5 dl	**Kokosmilch**	
400 g	**Pouletbrustwürfel**	Poulet salzen, in die Sauce geben, mischen, unter gelegentlichem Rühren ca. 5 Min. köcheln. Spinat daruntermischen. Limette heiss abspülen, trocken tupfen, von einer Hälfte den Saft dazupressen, Rest in Schnitze schneiden, dazu servieren.
½ TL	**Salz**	
100 g	**Jungspinat**	
1	**Limette**	

Dazu passt: Parfüm- oder Basmatireis.

Portion (¼): 528 kcal, F 32 g, Kh 30 g, E 30 g

PIMP YOUR Gyudon

Gyudon ist ein sehr beliebtes japanisches Gericht: Reis mit saftigem Geschnetzeltem. Gekrönt wird das einfache, aber super feine Gericht mit einem Ei. Wähle deine Lieblingsvariante.

Onsen-Eier

Koche die Eier ca. 45 Min. bei exakt 64 Grad (mit Thermometer überwachen). Das Resultat: eine angenehme, wachsartige Konsistenz!

pochiertes Ei

1 l Wasser und 1 dl Essig aufkochen. Frische Eier einzeln in eine Tasse aufschlagen und sorgfältig ins nur knapp siedende Wasser gleiten lassen. Garzeit: ca. 4 Min. Eier mit einer Schaumkelle herausnehmen.

gebeizte Eigelbe

Mische 140 g Salz und 100 g Zucker, verteile die Hälfte davon in einer Form (ca. 1 l), lege 4 frische Eigelbe darauf und bedecke sie mit der restlichen Mischung. Beize die Eier ca. 12 Std. im Kühlschrank. Vor dem Servieren Eigelbe mit einem Pinsel sorgfältig gut abwischen.

Rezept →

Gyudon (japanisches Rindfleisch mit Reis und Ei)

40 Min. laktosefrei

1	**rote Zwiebel**	Ofen auf 60 Grad vorheizen. Platte und Schalen warm stellen. Zwiebel schälen, in feine Streifen schneiden. Bundzwiebeln in Ringe schneiden, wenig Grün beiseite stellen.
3	**Bundzwiebeln mit dem Grün**	
300 g	**Sushi-Reis** oder Basmatireis	Reis in einem Sieb unter fliessendem kaltem Wasser so lange abspülen, bis dieses klar ist, gut abtropfen. Wasser mit dem Reis aufkochen, zugedeckt auf der ausgeschalteten Platte ca. 15 Min. quellen lassen, dabei den Deckel nie abheben. Reis mit einer Gabel lockern.
4½ dl	**Wasser**	
500 g	**Rindsfilet**	Fleisch in feine Scheiben schneiden. Wenig Öl in einer Bratpfanne heiss werden lassen. Fleisch portionenweise je ca. 1 Min. braten. Herausnehmen, warm stellen. Hitze reduzieren, wenig Öl in dieselbe Pfanne geben. Zwiebel und Bundzwiebeln ca. 3 Min. andämpfen.
	geröstetes Sesamöl zum Braten	
3 EL	**Zucker**	Zucker darüberstreuen, ca. 2 Min. weiterdämpfen. Sojasauce, Wasser, Mirin, Sake und Austernsauce beigeben, ca. 5 Min. köcheln.
1 dl	**milde Sojasauce**	
1 dl	**Wasser**	
½ dl	**Mirin** (siehe Hinweis)	
½ dl	**Sake** (heller Reiswein)	
3 EL	**Austernsauce**	
1 EL	**geröstetes Sesamöl**	Öl in einer beschichteten Bratpfanne heiss werden lassen. Eier nacheinander aufschlagen, in die Pfanne gleiten lassen, bei mittlerer Hitze ca. 4 Min. braten.
4	**frische Eier**	
4 TL	**schwarzer Sesam**	Fleisch wieder in die Sauce geben, nur noch heiss werden lassen, mit dem Reis und den Spiegeleiern anrichten. Sesam mit dem beiseite gestellten Bundzwiebelgrün darüberstreuen.

Hinweis: Mirin ist ein süsslicher, sirupähnlicher Reiswein mit mildem Aroma. Erhältlich in grösseren Coop Supermärkten oder asiatischen Spezialitätenläden. Ersatz: süsser Sherry.

Portion (¼): 687 kcal, F 17 g, Kh 82 g, E 46 g

Japanischer Klassiker:
zartes Rindfleisch mit
Reis und Ei

Auberginenragout (Mapo Eggplant)

35 Min. | vegan | laktosefrei | low carb

800 g **Auberginen** 1 **Zwiebel** 3 cm **Ingwer** (ca. 30 g)	Auberginen in ca. 1½ cm grosse Würfel schneiden. Zwiebel schälen, fein hacken. Ingwer schälen, fein reiben.
Erdnussöl zum Braten 230 g **Délicorn-Gehacktes**	Wenig Öl im Brattopf heiss werden lassen. Gehacktes ca. 3 Min. braten, herausnehmen. Wenig Öl in dieselbe Pfanne geben.
½ TL **Salz** 3 dl **Wasser** 5 EL **dunkler Reiswein** 4 EL **Sweet Chili Sauce** 3 EL **Sojasauce** 2 EL **Reisessig**	Auberginen portionenweise bei mittlerer Hitze unter gelegentlichem Rühren ca. 8 Min. braten, salzen. Zwiebel und Ingwer ca. 2 Min. mitbraten. Wasser dazugiessen, Reiswein, Sweet Chili Sauce, Sojasauce und Reisessig beigeben, aufkochen, Hitze reduzieren. Zugedeckt bei mittlerer Hitze ca. 15 Min. köcheln. Gehacktes wieder beigeben, heiss werden lassen.
1 Päckli **Schnittknoblauch** (ca. 17 g, siehe Hinweise) 1 TL **Szechuan-Pfeffer** (siehe Hinweise)	Schnittknoblauch grob schneiden, Pfeffer grob zerstossen, beides darüberstreuen.

Dazu passen: chinesische Eiernudeln, Reis.

Portion (¼): 223 kcal, F 4 g, Kh 24 g, E 14 g

Hinweise

Schnittknoblauch, auch chinesischer Knoblauch genannt, ist ein Lauchgewächs, das nach Knoblauch schmeckt, aber keinen unangenehmen Atem hinterlässt. Ersatz: Schnittlauch.
Szechuan-Pfeffer prickelt angenehm auf der Zunge, er hat eine milde Schärfe.

Chinesisches Gericht mit prickelnder Schärfe

Tofu-Hackfleisch-Sauce (Mapo Tofu)

30 Min. laktosefrei

3	**Bundzwiebeln mit dem Grün**	Bundzwiebeln in feine Ringe schneiden, wenig Grün beiseite stellen. Knoblauch schälen, in Scheibchen schneiden. Ingwer schälen, fein reiben. Chilis entkernen, in Ringe schneiden.
2	**Knoblauchzehen**	
2 cm	**Ingwer** (ca. 20 g)	
2	**rote Chilis**	
	geröstetes Sesamöl zum Braten	Wenig Öl im Wok oder in einer weiten Bratpfanne heiss werden lassen. Fleisch ca. 3 Min. braten, herausnehmen, salzen. Wenig Öl in dieselbe Pfanne geben.
300 g	**Hackfleisch** (Schwein)	
¼ TL	**Salz**	
260 g	**Tofu nature**	Tofu in Würfel schneiden, rundum ca. 3 Min. braten, herausnehmen. Bundzwiebeln, Knoblauch, Ingwer und Chilis in derselben Pfanne ca. 1 Min. rührbraten. Bouillon und Wasser dazugiessen, Reiswein und Sojasauce beigeben, aufkochen, Hitze reduzieren.
3 dl	**Gemüsebouillon**	
2½ dl	**Wasser**	
3 EL	**dunkler Reiswein**	
2 EL	**Sojasauce**	
1 Dose	**schwarze Bohnen** (ca. 210 g)	Bohnen abspülen, abtropfen, mit dem Fleisch und dem Tofu wieder beigeben. Bei mittlerer Hitze ca. 5 Min. köcheln. Maizena mit der Sojasauce anrühren, unter Rühren beigeben, ca. 2 Min. fertig köcheln. Pfeffer grob zerstossen, mit dem beiseite gestellten Bundzwiebelgrün darüberstreuen.
2 TL	**Maizena**	
2 TL	**Sojasauce**	
1 TL	**Szechuan-Pfeffer** (siehe Hinweis)	

Dazu passen: Reis, chinesische Eiernudeln.

Portion (¼): 303 kcal, F 13 g, Kh 14 g, E 29 g

Hinweis

Szechuan-Pfeffer wird auch Berg-, Blumen-, Anis- oder chinesischer Pfeffer genannt. Verwendet werden die getrockneten Samenkapseln ohne die Samen, denn diese sind bitter. Die Kapseln haben eine prickelnde, aber nicht beissende Schärfe und eine Aromanote von Holz. Erhältlich in asiatischen Spezialitätenläden. Ersatz: Piment oder schwarzer Pfeffer.

MIX YOUR *Masala*

Masala bezeichnet in Indien eine Gewürzmischung. Es heisst, es gibt in Indien mehr Gewürzmischungen als Inderinnen, da jede Köchin gleich mehrere eigene, oft geheime Mischungen kennt. Garam Masala ist eine sehr aromatische Mischung, die du ganz easy selber machen kannst.

Auch Chili und Safran sind möglich.

Dein Garam Masala

3 EL Kreuzkümmelsamen
3 EL Korianderkörner
2 TL schwarze Pfefferkörner
2 TL ausgelöste Kardamomsamen
2 getrocknete Muskatblüten (Macis), nach Belieben
1 TL Nelken
1 Zimtstange
2 Lorbeerblätter

Alle Zutaten in einem Cutter fein mahlen, gut mischen und in einem Glas gut verschlossen und dunkel aufbewahren.

Rezept →

Poulet-Tikka-Masala

20 Min. + 2 Std. marinieren + 40 Min. schmoren — schlank — glutenfrei — low carb

150 g	**griechisches Joghurt nature**	Joghurt, Tandoori-Paste, Garam Masala und Tomatenpüree in einer Schüssel mischen. Ingwer schälen, fein dazureiben, mischen. Poulet in ca. 2 cm grosse Stücke schneiden, gut daruntermischen, zugedeckt im Kühlschrank ca. 2 Std. marinieren.
3 EL	**Tandoori-Paste**	
1½ EL	**Garam Masala**	
1 EL	**Tomatenpüree**	
3 cm	**Ingwer** (ca. 30 g)	
800 g	**Pouletschenkel-Steaks ohne Haut**	
2	**Zwiebeln**	Zwiebeln und Knoblauch schälen, beides fein hacken. Tomate in Stücke schneiden. Ghee in einer beschichteten Bratpfanne heiss werden lassen. Marinade von den Pouletstücken etwas abstreifen, Poulet portionenweise je ca. 2 Min. anbraten, herausnehmen. Wenig Ghee in dieselbe Pfanne geben.
2	**Knoblauchzehen**	
1	**Tomate**	
	Ghee oder Bratbutter zum Braten	
1½ EL	**Garam Masala**	Zwiebeln und Knoblauch ca. 3 Min. andämpfen. Garam Masala und Paprika kurz mitdämpfen. Pelati und Tomate beigeben, Wasser dazugiessen, aufkochen, würzen, Hitze reduzieren. Poulet mit der ganzen Marinade wieder beigeben, zugedeckt bei kleiner Hitze unter gelegentlichem Rühren ca. 40 Min. schmoren. Poulet-Tikka-Masala anrichten, Joghurt darauf verteilen.
2 TL	**Edelsüss-Paprika**	
1 Dose	**Pelati** (ca. 400 g)	
½ dl	**Wasser**	
¾ TL	**Salz**	
wenig	**Pfeffer**	
150 g	**griechisches Joghurt nature**	

Dazu passt: Reis, Naan-Fladenbrot.

Portion (¼): 487 kcal, F 26 g, Kh 17 g, E 46 g

Hinweis

Garam Masala bezeichnet eine Gewürzmischung für indische Currys und ist in grösseren Coop Supermärkten oder asiatischen Spezialitätenläden erhältlich. Ersatz: Curry.

ohne Knochen

Indian Butter Chicken

40 Min. + 2 Std. marinieren + 40 Min. schmoren — schlank — glutenfrei — low carb

800 g	**Pouletschenkel-Steaks ohne Haut**	Poulet in ca. 2 cm grosse Stücke schneiden, in eine Schüssel geben. Zitronensaft und Salz beigeben, mischen. Poulet zugedeckt im Kühlschrank ca. 30 Min. ziehen lassen, abtropfen, trocken tupfen, zurück in die Schüssel geben.
2 EL	**Zitronensaft**	
½ TL	**Salz**	
2	**Knoblauchzehen**	Knoblauch dazupressen. Garam Masala, Kurkuma und Joghurt daruntermischen, zugedeckt im Kühlschrank ca. 1½ Std. marinieren.
2 TL	**Garam Masala** (siehe Hinweis)	
½ TL	**Kurkuma**	
150 g	**griechisches Joghurt nature**	
2	**Zwiebeln**	Zwiebeln schälen, fein hacken. Tomaten in Stücke schneiden. Wenig Ghee in einer beschichteten Bratpfanne heiss werden lassen. Marinade von den Pouletstücken etwas abstreifen, Poulet portionenweise je ca. 2 Min. anbraten, herausnehmen. Wenig Ghee in dieselbe Pfanne geben.
600 g	**Tomaten**	
	Ghee oder Bratbutter zum Braten	
1 EL	**grobkörniger Rohzucker**	Zwiebeln und Tomaten ca. 5 Min. andämpfen. Zucker und Tomatenpüree kurz mitdämpfen. Chilipulver, Garam Masala, Zimt, Kardamompulver und Nelkenpulver, beigeben, salzen, aufkochen. Hitze reduzieren, Poulet mit der ganzen Marinade wieder beigeben, zugedeckt bei kleiner Hitze unter gelegentlichem Rühren ca. 40 Min. schmoren.
2 EL	**Tomatenpüree**	
1 TL	**Chilipulver**	
1 TL	**Garam Masala**	
1 TL	**Zimt**	
½ TL	**Kardamompulver**	
½ TL	**Nelkenpulver**	
½ TL	**Salz**	
50 g	**Cashew-Nüsse**	Nüsse in einer beschichteten Bratpfanne ohne Fett ca. 2 Min. rösten, über das Butter Chicken streuen.

Dazu passt: Naan-Fladenbrot, Reis.

Portion (¼): 486 kcal, F 25 g, Kh 17 g, E 45 g

Hinweis

Garam Masala bezeichnet eine Gewürzmischung für indische Currys und ist in grösseren Coop Supermärkten oder asiatischen Spezialitätenläden erhältlich. Ersatz: Curry.

Paneer in Tomatensauce

35 Min. vegetarisch schlank glutenfrei low carb

2	**Schalotten**	Schalotten schälen, fein hacken. Tomaten halbieren.
500 g	**Cherry-Tomaten**	
1 EL	**Ghee** oder Bratbutter	Ghee in einer weiten Pfanne warm werden lassen. Schalotten ca. 2 Min. andämpfen. Knoblauch dazupressen, Ingwer schälen, dazureiben. Tomaten mit den Cherry-Tomaten beigeben. Korianderpulver, Kreuzkümmelpulver und Zucker beigeben, salzen, alles kurz mitdämpfen, zugedeckt bei kleiner Hitze unter gelegentlichem Rühren ca. 15 Min. köcheln.
2	**Knoblauchzehen**	
2 cm	**Ingwer** (ca. 20 g)	
1 Dose	**gehackte Tomaten** (ca. 400 g)	
1 TL	**Korianderpulver**	
1 TL	**Kreuzkümmelpulver**	
1 TL	**Zucker**	
¾ TL	**Salz**	
400 g	**Paneer nature** (Karma)	Paneer in Würfel schneiden, in die Sauce legen, zugedeckt ca. 5 Min. heiss werden lassen, dabei einmal sorgfältig mischen. Koriander grob schneiden, mit dem Joghurt darauf verteilen.
1 Bund	**Koriander**	
150 g	**griechisches Joghurt nature**	

Dazu passt: getoastetes Fladenbrot (z. B. Pitta).

Portion (¼): 428 kcal, F 28 g, Kh 15 g, E 28 g

Wenn du das Gericht rassiger möchtest, streue Chiliflocken darüber.

Rindfleischcurry

30 Min. + 1¼ Std. schmoren · schlank · laktosefrei · low carb

2 1 3	**Zwiebeln** **Knoblauchzehe** **Stängel Zitronengras**	Zwiebeln und Knoblauch schälen, fein hacken. Zitronengras quetschen.
40 g 800 g ½ TL	**Cashew-Nüsse** **Rindsvoressen** (z. B. Schulter) **Bratbutter** zum Braten **Salz**	Nüsse im Brattopf ohne Fett rösten, herausnehmen, grob hacken, beiseite stellen. Fleisch in ca. 2 cm grosse Würfel schneiden. Wenig Bratbutter in dieselbe Pfanne geben. Fleisch portionenweise je ca. 4 Min. anbraten, herausnehmen, salzen. Hitze reduzieren, Bratfett auftupfen, evtl. wenig Bratbutter beigeben.
1 Dose 2½ EL 1 TL 3 dl 1 TL	**gehackte Tomaten** (ca. 800 g) **Curry** (z. B. Delhi) **Zucker** **Gemüsebouillon** **Curry** (z. B. Delhi)	Zwiebeln, Knoblauch und Zitronengras andämpfen. Tomaten beigeben, kurz mitdämpfen. Curry und Zucker beigeben. Bouillon dazugiessen, aufkochen, Hitze reduzieren. Fleisch wieder beigeben, zugedeckt bei kleiner Hitze ca. 1¼ Std. schmoren. Zitronengras entfernen, beiseite gestellte Nüsse und Curry darüberstreuen.

Dazu passt: Reis.

Portion (¼): 347 kcal, F 11 g, Kh 14 g, E 47 g

Gut zum Vorbereiten!

SPICE UP *your Sauce*

Gewürze und Tees in einer Sauce mitkochen/ziehen lassen, das verleiht deiner Sauce aufregende Aromen! Wenn du lose Gewürze und Tees verwendest, pack diese in einen kleinen Stoffbeutel, so kannst du diesen easy entfernen, wenn deine Sauce die gewünschte Aroma-intensität erreicht hat.

Gewürz-Mix classic

Rosmarin, Thymian, schwarze Pfeffer-körner, Nelken, Lorbeerblatt …

Gewürz-Mix exotic

Zimtstange, Kardamomkapseln, Korianderkörner, Kreuzkümmel, Ingwer …

Hagebutten
Grüntee
Schwarztee
Lindenblüten
Glühwein-Mischung
Malventee
Pfefferminze
Kräutertee

Rezept →

Linsen-Dal

50 Min. vegan schlank laktosefrei glutenfrei

3	**Zwiebeln**	Zwiebeln und Knoblauch schälen, Zwiebeln in feine Streifen, Knoblauch in Scheibchen schneiden.
4	**Knoblauchzehen**	
2 EL	**Ghee** (siehe Tipps) oder Bratbutter	Ghee in einer Pfanne warm werden lassen. Zwiebeln und Knoblauch ca. 10 Min. andämpfen. Curry, Tamarindenpaste, Kurkuma und Cayennepfeffer kurz mitdämpfen. Tomaten und Linsen beigeben.
1 EL	**Curry** (z. B. Delhi)	
2 EL	**Tamarindenpaste**	
1 TL	**Kurkuma**	
1 TL	**Cayennepfeffer**	
1 Dose	**gehackte Tomaten** (ca. 400 g)	
250 g	**gelbe Linsen**	
9 dl	**Wasser**	Wasser dazugiessen, aufkochen. Kreuzkümmel, Koriander, Zimtstange und Kardamomkapseln beigeben, Hitze reduzieren. Zugedeckt bei mittlerer Hitze unter gelegentlichem Rühren ca. 30 Min. köcheln. Linsen-Dal salzen, Koriander fein schneiden, darüberstreuen.
½ TL	**Kreuzkümmelsamen**	
½ TL	**Koriandersamen**	
1	**Zimtstange**	
3	**Kardamomkapseln**	
¾ TL	**Salz**	
3	**Zweiglein Koriander**	

Dazu passen: Naan-Fladenbrot, Joghurt nature.

Portion (¼): 313 kcal, F 7 g, Kh 39 g, E 18 g

Tipps

Ghee ist eingesottene, geklärte Butter und wird häufig in der indischen Küche verwendet. Erhältlich in Coop Supermärkten oder asiatischen Spezialitätenläden. Lege Kreuzkümmelsamen, Koriandersamen, Zimtstange und Kardamomkapseln auf ein Stück Vlies-Passiertuch (ca. 15 cm) und binde es zu einem Gewürzsäckchen. So kannst du es vor dem Servieren einfach aus dem Linsen-Dal entfernen.

Lammeintopf mit Safran

25 Min. + 2 Std. schmoren — glutenfrei

1	**Zwiebel**	Zwiebel schälen, in Schnitze schneiden. Knoblauch schälen, in Scheibchen schneiden. Rüebli und Kartoffeln schälen, in ca. 2 cm grosse Würfel schneiden.
2	**Knoblauchzehen**	
400 g	**Rüebli**	
400 g	**fest kochende Kartoffeln**	
	Bratbutter zum Braten	Wenig Bratbutter im Brattopf heiss werden lassen. Fleisch portionenweise je ca. 2 Min. anbraten. Herausnehmen, Ras el Hanout darüberstreuen, würzen. Hitze reduzieren, Bratfett auftupfen, wenig Bratbutter in dieselbe Pfanne geben.
600 g	**Lammvoressen**	
2 TL	**Ras el Hanout** (siehe Hinweis)	
½ TL	**Salz**	
wenig	**Pfeffer**	
½ TL	**Salz**	Zwiebel, Knoblauch, Rüebli und Kartoffeln andämpfen, würzen. Wasser dazugiessen, aufkochen, Hitze reduzieren. Fleisch wieder beigeben, zugedeckt unter gelegentlichem Rühren bei kleiner Hitze ca. 1¾ Std. schmoren.
wenig	**Pfeffer**	
4 dl	**Wasser**	
1 Dose	**Kichererbsen** (ca. 400 g)	Kichererbsen abspülen, abtropfen, Dörraprikosen in Streifen schneiden, beides mit dem Ras el Hanout und dem Safran beigeben. Saucen-Halbrahm dazugiessen, offen unter gelegentlichem Rühren ca. 15 Min. fertig schmoren, würzen.
50 g	**Dörraprikosen**	
2 TL	**Ras el Hanout**	
1	**Briefchen Safran**	
einige	**Safranfäden**	
2 dl	**Saucen-Halbrahm**	
	Salz, Pfeffer, nach Bedarf	

Portion (¼): 592 kcal, F 30 g, Kh 38 g, E 39 g

Hinweis

Ras el Hanout ist eine marokkanische Gewürzmischung. Erhältlich in grösseren Coop Supermärkten. Ersatz: Dukkah oder milder Curry.

Pouletcurry mit Pistazien

30 Min.

2	**Zwiebeln**	Zwiebeln schälen, fein hacken. Knoblauch pressen. Ingwer schälen, fein reiben. Tomaten in Stücke schneiden. Pistazien im Cutter fein mahlen oder fein hacken, ca. 2 EL davon beiseite stellen.
2	**Knoblauchzehen**	
2 cm	**Ingwer** (ca. 20 g)	
2	**Tomaten**	
90 g	**ungesalzene geschälte Pistazien**	
	Bratbutter zum Braten	Wenig Bratbutter in einer beschichteten Bratpfanne heiss werden lassen. Poulet portionenweise je ca. 3 Min. anbraten. Herausnehmen, würzen. Hitze reduzieren, wenig Bratbutter in dieselbe Pfanne geben.
500 g	**geschnetzeltes Pouletfleisch**	
½ TL	**Salz**	
wenig	**Pfeffer**	
1 TL	**Fenchelsamen**	Zwiebeln, Knoblauch und Ingwer ca. 3 Min. andämpfen. Fenchelsamen mit den Tomaten und den Pistazien ca. 2 Min. mitdämpfen. Kardamompulver, Korianderpulver, Zimt und Lorbeer beigeben. Bouillon dazugiessen, aufkochen, Hitze reduzieren. 4 EL Joghurt beigeben, unter gelegentlichem Rühren bei kleiner Hitze ca. 15 Min. köcheln. Poulet mit dem entstandenen Fleischsaft wieder beigeben, ca. 2 Min. fertig köcheln, würzen.
1 TL	**Kardamompulver**	
1 TL	**Korianderpulver**	
½ TL	**Zimt**	
1	**Lorbeerblatt**	
5 dl	**Hühnerbouillon**	
150 g	**griechisches Joghurt nature**	
	Salz, Pfeffer, nach Bedarf	
½ Bund	**Koriander**	Korianderblättchen abzupfen, mit den beiseite gestellten Pistazien darüberstreuen. Restliches Joghurt dazu servieren.

Dazu passen: Reis, Kartoffeln.

Portion (¼): 381 kcal, F 19 g, Kh 13 g, E 37 g

Poulet in Mais-Aprikosen-Sauce

30 Min.

2	**Zwiebeln**	Ofen auf 60 Grad vorheizen, Platte und Teller vorwärmen. Zwiebeln schälen, in feine Streifen schneiden. Von den Maiskolben die Körner abschneiden. Aprikosen vierteln.
480 g	**gekochte Maiskolben**	
250 g	**Aprikosen**	
4	**Pouletbrüstli** (je ca. 160 g)	Pouletbrüstli längs halbieren. Öl in einer beschichteten Bratpfanne heiss werden lassen. Pouletstreifen würzen, rundum ca. 3 Min. anbraten. Hitze reduzieren, rundum ca. 4 Min. fertig braten. Herausnehmen, warm stellen. Hitze reduzieren, wenig Öl in dieselbe Pfanne geben.
2 EL	**Olivenöl**	
½ TL	**Salz**	
wenig	**Pfeffer**	
3 EL	**Aprikosenkonfitüre**	Zwiebeln ca. 5 Min. andämpfen, Mais und Aprikosen kurz mitdämpfen. Aprikosenkonfitüre und Thymian beigeben. Bouillon und Saucen-Halbrahm dazugiessen, ca. 5 Min. köcheln. Poulet mit dem entstandenen Fleischsaft wieder beigeben, nur noch heiss werden lassen, würzen. Dukkah darüberstreuen.
3	**Zweiglein Thymian**	
2 dl	**Hühnerbouillon**	
2 dl	**Saucen-Halbrahm**	
	Salz, Pfeffer, nach Bedarf	
3 TL	**Dukkah** (siehe Hinweis)	

Dazu passt: Taboulé, Couscous.

Portion (¼): 468 kcal, F 21 g, Kh 27 g, E 41 g

Hinweis und Tipps

Hinweis: Dukkah ist eine afrikanisch-orientalische Nuss-Gewürz-Mischung. Erhältlich in grösseren Coop Supermärkten. Ersatz: milder Curry.
Tipp: Statt frische tiefgekühlte Aprikosen oder Zwetschgen, angetaut, verwenden.
Schneller: Statt Maiskolben 1 Dose Maiskörner (ca. 340 g) verwenden, Mais abspülen und abtropfen.

Mais und Aprikosen – ein Traumpaar
in diesem Gericht!

Scharf-macher

Du findest viele verschiedene Chilisorten in Supermärkten; in Asia-Shops ist die Auswahl noch grösser. Als Faustregel gilt: je kleiner die Schote, umso schärfer. Aber manchmal wirst du auch eine Überraschung erleben, denn Chilis können ganz schön unberechenbar sein.

Löscht das Feuer

Wenn dir ein Gericht zu scharf geraten ist, hilft Wassertrinken nicht, im Gegenteil. Das hilft wirklich: Kaue langsam gekochten Reis oder Brot, das löscht das Feuer im Mund. Oder lass einen Löffel Honig langsam im Mund zergehen. Mit Kokosmilch oder Rahm kannst du ein zu scharf geratenes Gericht wieder etwas neutralisieren.

Rezept →

Chili con Carne mit Peperoni

30 Min. + 2 Std. schmoren   glutenfrei

1	**Zwiebel**	Ofen auf 180 Grad vorheizen. Zwiebel schälen, fein hacken. Knoblauch pressen. Chili und Peperoni entkernen, beides in feine Streifen schneiden. Kartoffeln schälen, in ca. 1 cm grosse Würfel schneiden.
2	**Knoblauchzehen**	
1	**roter Chili**	
1	**rote Peperoni**	
300 g	**fest kochende Kartoffeln**	
500 g	**Rindsvoressen**	Fleisch in ca. 1 cm grosse Würfel schneiden. Wenig Öl im Brattopf heiss werden lassen. Fleisch portionenweise je ca. 2 Min. anbraten. Herausnehmen, salzen. Hitze reduzieren. Bratfett auftupfen, evtl. wenig Öl in dieselbe Pfanne geben.
	Öl zum Braten	
¾ TL	**Salz**	
2 EL	**Tomatenpüree**	Zwiebel, Knoblauch und Chili andämpfen. Tomatenpüree mit der Peperoni und den Kartoffeln kurz mitdämpfen. Bohnen und Maiskörner abspülen, abtropfen, mit den Tomaten und dem Cayennepfeffer beigeben, salzen. Wein und Wasser dazugiessen, aufkochen. Hitze reduzieren, Fleisch wieder beigeben, mischen.
1 Dose	**rote Kidney-Bohnen** (ca. 400 g)	
1 Dose	**Maiskörner** (ca. 340 g)	
1 Dose	**gehackte Tomaten** (ca. 800 g)	
1 TL	**Cayennepfeffer**	
½ TL	**Salz**	
3 dl	**Rotwein**	
1 dl	**Wasser**	
4	**Zweiglein Koriander**	**Schmoren:** zugedeckt ca. 2 Std. in der unteren Hälfte des Ofens, dabei einmal mischen. Koriander grob schneiden, daruntermischen, sauren Halbrahm dazu servieren.
100 g	**saurer Halbrahm**	

Dazu passen: Tortillas, Tortilla-Chips, Brot.

Portion (¼): 502 kcal, F 10 g, Kh 53 g, E 45 g

Für mehr Schärfe garnierst du dein Chili vor dem Servieren mit Chiliflocken.

Poulet in Chili-Rahmsauce

30 Min.

8	**Pouletbrust-Charbonnade** (je ca. 100 g)	Ofen auf 60 Grad vorheizen, Platte und Teller vorwärmen. Pouletplätzli salzen, Bundzwiebeln längs halbieren, in ca. 5 cm lange Stängel schneiden, darauflegen, aufrollen, mit Zahnstochern fixieren. Wenig Öl in einer beschichteten Bratpfanne heiss werden lassen. Poulet portionenweise rundum je ca. 4 Min. anbraten. Herausnehmen, Zahnstocher entfernen, Chiliflocken über das Poulet streuen, warm stellen. Wenig Öl in dieselbe Pfanne geben.
1 TL	**Salz**	
3	**Bundzwiebeln mit dem Grün**	
	Öl zum Braten	
1½ TL	**Chiliflocken** (z. B. Chile Chipotle, siehe Hinweis)	
1	**Knoblauchzehe**	Knoblauch schälen, in Scheibchen schneiden, andämpfen. Bouillon und Rahm dazugiessen, ca. 5 Min. köcheln. Limette heiss abspülen, trocken tupfen. Ganze Schale dazureiben, Saft auspressen, beigeben. Poulet mit dem entstandenen Fleischsaft wieder beigeben, ca. 3 Min. fertig köcheln, dabei einmal wenden. Chiliflocken darüberstreuen.
2 dl	**Hühnerbouillon**	
2½ dl	**Vollrahm**	
1	**Limette**	
1 TL	**Chiliflocken** (z. B. Chile Chipotle)	

Dazu passen: gebratene Pimientos, Reis.

Portion (¼): 461 kcal, F 27 g, Kh 6 g, E 48 g

Hinweis

Chile Chipotle sind Chiliflocken aus getrockneten und geräucherten Jalapeños.

ZITRUSZAUBER FÜR DEINE *Sauce*

Die abgeriebene Schale von Limetten, Zitronen, Orangen, Mandarinen und Clementinen verleiht deiner Sauce im Nu das gewisse Extra. Besonders delikat: Bergamotten! Entdecke coole Aroma-Kombis für deine Sauce.

Orange & Zimt
Bergamotte & Koriander
Yuzu & rosa Pfeffer
Mandarine & Thymian
Clementine & Rosmarin

Rezept →

Lachs in Lauch-Zitronen-Sauce

30 Min.

3 2 TL 200 g	**Bio-Zitronen** **rosa Pfeffer** **Lauch**	Ofen auf 60 Grad vorheizen, Platte und Teller vorwärmen. Von 2 Zitronen die Schale abreiben, den Saft auspressen (ergibt ca. 1¼ dl), beides beiseite stellen. Restliche Zitrone in Scheiben schneiden. Pfeffer im Mörser grob zerstossen. Lauch in ca. 5 mm dicke Ringe schneiden.
 4 ¾ TL 1 EL	**Öl** zum Braten **Lachsfilets mit Haut** (Bio, je ca. 150 g) **Salz** **grobkörniger Rohzucker**	Wenig Öl in einer beschichteten Bratpfanne heiss werden lassen. Fisch salzen, die Hälfte des Pfeffers darüberstreuen, beidseitig je ca. 1 Min. anbraten. Hitze reduzieren, beidseitig je ca. 1½ Min. fertig braten. Herausnehmen, auf die vorgewärmte Platte legen. Hitze reduzieren. Die Zitronenscheiben beidseitig je ca. 1 Min. braten, dabei den Zucker darüberstreuen. Herausnehmen, auf die Fischfilets legen, warm stellen. Wenig Öl in dieselbe Pfanne geben.
1 ¼ TL 2 dl 1 dl 1½ TL	**Knoblauchzehe** **Salz** **Vollrahm** **Gemüsebouillon** **grobkörniger Rohzucker**	Lauch ca. 3 Min andämpfen, Knoblauch dazupressen, salzen. Rahm, Bouillon und den beiseite gestellten Zitronensaft dazugiessen, aufkochen. Hitze reduzieren, ca. 5 Min. köcheln. Zucker mit der beiseite gestellten Zitronenschale beigeben, verrühren. Fisch wieder beigeben, nur noch heiss werden lassen, restlichen Pfeffer darüberstreuen.

Dazu passen: Wildreis-Mix, Tagliatelle.

Portion (¼): 539 kcal, F 41 g, Kh 10 g, E 31 g

Im Winter kannst du für dieses Gericht auch Bio-Mandarinen statt Zitronen verwenden.

Geschnetzeltes in Honig-Limetten-Sauce

30 Min. laktosefrei glutenfrei

3	**Bundzwiebeln mit dem Grün**	Bundzwiebeln längs in ca. 3 cm lange Stängel schneiden. Knoblauch schälen, in Scheibchen schneiden. Ingwer schälen, fein reiben. Limetten heiss abspülen, trocken tupfen, von einer Limette die Schale abreiben, beiseite stellen. Von beiden Limetten den Saft auspressen (ergibt ca. 1 dl).
2	**Knoblauchzehen**	
2 cm	**Ingwer** (ca. 20 g)	
2	**Limetten**	
	geröstetes Sesamöl zum Braten	Wenig Öl in einer Bratpfanne heiss werden lassen. Fleisch portionenweise je ca. 1½ Min. braten. Herausnehmen, würzen, mit Maizena bestäuben, beiseite stellen. Hitze reduzieren, wenig Öl in dieselbe Pfanne geben.
500 g	**geschnetzeltes Rindfleisch** (à la minute)	
¼ TL	**Salz**	
wenig	**Pfeffer**	
2 TL	**Maizena**	
1 EL	**grobkörniger Rohzucker**	Bundzwiebeln, Knoblauch und Ingwer mit dem Zucker ca. 2 Min. andämpfen. Wasser mit dem Limettensaft dazugiessen. Miso-Paste und Honig beigeben, aufkochen. Hitze reduzieren, ca. 5 Min. köcheln. Fleisch mit dem entstandenen Fleischsaft wieder beigeben, nur noch heiss werden lassen. Sesam darüberstreuen.
2 dl	**Wasser**	
1½ EL	**Miso-Paste**	
2 EL	**flüssiger Honig**	
4 TL	**Sesam**	

Dazu passt: Kartoffelstock, Reis.

Portion (¼): 269 kcal, F 7 g, Kh 21 g, E 30 g

Crevetten in Tomatensauce

45 Min. schlank laktosefrei glutenfrei low carb

1	**Zwiebel**	Zwiebel schälen, fein hacken. Peperoncino entkernen, in Ringe schneiden.
1	**roter Peperoncino**	
1 EL	**Olivenöl**	Öl in einer Pfanne warm werden lassen. Zwiebel und Peperoncino andämpfen, Tomatenpüree kurz mitdämpfen. Cherry-Tomaten halbieren, mit den gehackten Tomaten beigeben, aufkochen. Hitze reduzieren, Thymian und Zucker beigeben, salzen, unter gelegentlichem Rühren zugedeckt ca. 30 Min. köcheln.
1 EL	**Tomatenpüree**	
500 g	**Cherry-Tomaten**	
1 Dose	**gehackte Tomaten** (ca. 800 g)	
2	**Zweiglein Thymian**	
2 TL	**Zucker**	
½ TL	**Salz**	
	Öl zum Braten	Wenig Öl in einer beschichteten Bratpfanne heiss werden lassen. Crevetten in 2 Portionen je ca. 1 Min. anbraten, Knoblauch dazupressen, ca. 1 Min. fertig braten, herausnehmen, salzen. Tomatensauce in die Bratpfanne giessen. Petersilie fein schneiden, mit den Crevetten wieder beigeben, nur noch heiss werden lassen.
600 g	**rohe, bis auf das Schwanzende geschälte Crevettenschwänze**	
2	**Knoblauchzehen**	
½ TL	**Salz**	
1 Bund	**glattblättrige Petersilie**	

Dazu passen: Bratkartoffeln, Brot.

Portion (¼)**:** 244 kcal, F 6 g, Kh 16 g, E 29 g

Paprika-Parade

Paprika besteht aus getrockneten, gemahlenen Paprikaschoten. Es gibt sie in vielen verschiedenen Sorten, von edelsüss bis rassig scharf, schliesslich zählen auch Chilis und Peperoncini zu den Paprikaschoten.

Edelsüss-Paprika

ist mild und daher sehr beliebt.

Rosenpaprika

ist schärfer, hat aber nicht die Intensität von Chilis.

geräucherter Paprika

verleiht deinen Gerichten ein feines Raucharoma.

Piment d'Espelette

ist eine besonders delikate, leicht rauchige Variante aus Frankreich. Sie ist sehr beliebt in der Spitzengastronomie.

Chiliflocken

liefern dir Schärfe. Über ein Gericht gestreut, sorgen sie zudem für hübsche Farbtupfer.

Cayenne

auch häufig Cayennepfeffer genannt. Ist aber kein Pfeffer, sondern er wird ebenfalls aus – sehr scharfen – Chilischoten gewonnen.

Der Farb-Trick

Paprika verliert unter Lichteinfluss schnell seine kräftig rote Farbe. Bewahre ihn immer in einer Schublade oder im Schrank auf. Grössere Mengen kannst du in einem Schraubglas mit Deckel tiefkühlen. Haltbarkeit: ca. 1 Jahr. Portionenweise auf Backpapier auftauen/trocknen und in ein Gewürzglas abfüllen.

Rezept →

Gulasch mit Rindfleisch

30 Min. + 1½ Std. schmoren   laktosefrei

3	**Zwiebeln**	Zwiebeln schälen, fein hacken. Peperoni entkernen, in ca. 2 cm grosse Stücke schneiden.
2	**rote Peperoni**	
	Öl zum Braten	Wenig Öl im Brattopf heiss werden lassen. Fleisch portionenweise je ca. 5 Min. anbraten. Herausnehmen, salzen, mit dem Mehl und dem Paprika bestäuben. Hitze reduzieren, wenig Öl in dieselbe Pfanne geben.
800 g	**Rindsvoressen** (z. B. Schulter)	
¾ TL	**Salz**	
1 EL	**Mehl**	
1 EL	**Edelsüss-Paprika**	
2	**Knoblauchzehen**	Zwiebeln andämpfen, Knoblauch dazupressen, ca. 3 Min. mitdämpfen. Peperoni mit dem Tomatenpüree kurz mitdämpfen, Paprika und Lorbeer beigeben. Wein dazugiessen, ca. 2 Min. einkochen. Bouillon dazugiessen, aufkochen, Hitze reduzieren. Fleisch mit dem entstandenen Fleischsaft wieder beigeben, unter gelegentlichem Rühren zugedeckt bei kleiner Hitze ca. 1½ Std. schmoren. Lorbeer entfernen, Petersilie fein schneiden, darüberstreuen.
2 EL	**Tomatenpüree**	
2 EL	**Edelsüss-Paprika**	
1	**Lorbeerblatt**	
2 dl	**Rotwein**	
6 dl	**Fleischbouillon**	
3	**Zweiglein glattblättrige Petersilie**	

Dazu passen: Knöpfli.

Portion (¼): 300 kcal, F 6 g, Kh 12 g, E 45 g

Ideal für Gäste:
Du kannst das Gulasch prima vorbereiten.

Köttbullar

40 Min.

1	**Weggli** (ca. 70 g)	Ofen auf 60 Grad vorheizen, Platte und Teller vorwärmen. Weggli in Würfeli schneiden, in eine Schüssel geben, Milch beigeben, ca. 5 Min. einweichen. Zwiebel schälen, fein hacken, beigeben, Knoblauch dazupressen. Petersilie grob schneiden, mit dem Hackfleisch, dem Ei, Paprika, Salz und Pfeffer beigeben, mischen. Von Hand gut kneten, bis sich die Zutaten zu einer kompakten Masse verbinden. Masse mit nassen Händen zu 24 Bällchen formen.
2 EL	**Milch**	
1	**Zwiebel**	
1	**Knoblauchzehe**	
3	**Zweiglein glattblättrige Petersilie**	
600 g	**Hackfleisch** (Rind)	
1	**Ei**	
2 TL	**Edelsüss-Paprika**	
¾ TL	**Salz**	
wenig	**Pfeffer**	
	Öl zum Braten	Wenig Öl in einer Bratpfanne heiss werden lassen. Hitze reduzieren, Bällchen portionenweise bei mittlerer Hitze rundum ca. 8 Min. braten. Herausnehmen, warm stellen.
2 dl	**Fleischbouillon**	Bouillon und Rahm in dieselbe Pfanne giessen, aufkochen, Hitze reduzieren, ca. 5 Min. köcheln. Fleischbällchen mit dem entstandenen Fleischsaft wieder beigeben, heiss werden lassen, Sauce würzen. Petersilie grob schneiden, mit den Preiselbeeren darauf verteilen.
2½ dl	**Vollrahm**	
	Salz, Pfeffer, nach Bedarf	
3	**Zweiglein glattblättrige Petersilie**	
100 g	**Preiselbeeren aus dem Glas**	

Dazu passen: Kartoffelstock, Nudeln.

Portion (¼): 655 kcal, F 47 g, Kh 23 g, E 34 g

Ein Hit bei Gross und Klein!

Currywurst

1 Std. glutenfrei

1 kg	**Tomaten**
1	**Zwiebel**
1 EL	**Olivenöl**
2 EL	**Tomatenpüree**
2 EL	**milder Curry**
2 TL	**Zucker**
2 TL	**Edelsüss-Paprika**
1 EL	**Aceto balsamico bianco**
1½ TL	**Salz**
wenig	**Pfeffer**

Tomaten in Stücke schneiden, Zwiebel schälen, fein hacken. Öl in einer Pfanne warm werden lassen. Zwiebel andämpfen, Tomatenpüree mit den Tomaten ca. 3 Min. mitdämpfen. Curry, Zucker, Paprika und Aceto beigeben, würzen, zugedeckt unter gelegentlichem Rühren bei kleiner Hitze ca. 30 Min. köcheln. Sauce pürieren, offen ca. 15 Min. einköcheln.

1 EL	**Olivenöl**
4	**Kalbsbratwürste** (je ca. 160 g)
wenig	**milder Curry**

Öl in einer Bratpfanne heiss werden lassen, Hitze reduzieren. Bratwürste bei mittlerer Hitze beidseitig je ca. 5 Min. braten. Würste in Rugeli schneiden, mit der Sauce anrichten. Curry darüberstäuben.

Dazu passen: Pommes frites, Bürli.

Portion (¼): 520 kcal, F 40 g, Kh 15 g, E 23 g

Geniesse den Streetfood-Klassiker gemütlich zu Hause!

SAUCENGERICHTE

klassisch und neu inspiriert

Hacktätschli in Peperonisauce

35 Min.

1	**Weggli** (ca. 50 g)	Ofen auf 60 Grad vorheizen, Platte und Teller vorwärmen. Weggli grob in eine Schüssel zupfen, Wasser dazugiessen, mischen. Zwiebel schälen, fein hacken, Petersilie fein schneiden. Butter in einer beschichteten Bratpfanne warm werden lassen. Zwiebel und Petersilie ca. 2 Min. andämpfen, unter das Weggli mischen, etwas abkühlen.
½ dl	**Wasser**	
1	**Zwiebel**	
5	**Zweiglein glattblättrige Petersilie**	
½ EL	**Butter**	
800 g	**Hackfleisch** (Rind und Schwein)	Hackfleisch, Ei, Käse, Senf und Curry beigeben, salzen, mischen. Von Hand gut kneten, bis sich die Zutaten zu einer kompakten Masse verbinden. Masse mit nassen Händen zu 8 Tätschli formen.
1	**Ei**	
3 EL	**geriebener Sbrinz**	
1 EL	**Senf**	
1 TL	**milder Curry**	
1 TL	**Salz**	
	Bratbutter zum Braten	Wenig Bratbutter in derselben Pfanne heiss werden lassen. Hitze reduzieren, Tätschli portionenweise bei mittlerer Hitze beidseitig je ca. 3 Min. braten. Herausnehmen, warm stellen.
1	**rote Peperoni**	Peperoni entkernen, in feine Streifen schneiden. Wenig Bratbutter in derselben Pfanne heiss werden lassen. Peperoni ca. 5 Min. rührbraten, würzen. Bouillon und Rahm dazugiessen, aufkochen. Hitze reduzieren, ca. 5 Min. köcheln. Tätschli wieder beigeben, heiss werden lassen. Petersilie grob schneiden, darüberstreuen.
¼ TL	**Salz**	
wenig	**Pfeffer**	
1½ dl	**Fleischbouillon**	
2½ dl	**Vollrahm**	
3	**Zweiglein glattblättrige Petersilie**	

Dazu passt: Kartoffelstock.

Portion (¼): 744 kcal, F 57 g, Kh 12 g, E 45 g

UMAMI-BOMBEN
Pilze

Pilze sind wahre Umami-Bomben, sie sorgen in deinen Gerichten für herrlich vollmundigen Geschmack.

Champignons

sind ganzjährig frisch erhältlich. Getrocknete und Dosenpilze erreichen nie das Aroma von Frischpilzen.

Kräuterseitlinge

ganzjährig frisch erhältlich, sie gelten als günstige Variante von Steinpilzen.

Shiitake

sind fast immer frisch und getrocknet erhältlich. Sie sind besonders umami-reich.

Steinpilze

Frisch, getrocknet und tiefgekühlt erhältlich.

Herbsttrompeten

Auf Wochenmärkten im Herbst frisch und ganzjährig getrocknet erhältlich.

Eierschwämme

Von Sommer bis Herbst frisch, ganzjährig in Glasern und Dosen eingelegt sowie getrocknet erhältlich.

Morcheln

Auf Wochenmärkten im Frühling frisch und ganzjährig getrocknet erhältlich.

Gut zu wissen

- Edelpilze wie Trüffel, Morcheln oder Eierschwämme können bis heute nicht gezüchtet werden. Darum greif zu, wenn sie Saison haben.
- 125 g frische Pilze kannst du durch 25 g getrocknete Pilze ersetzen.
- Variiere deine Gerichte mit deinen Lieblingspilzen, das gleiche Gericht schmeckt so immer wieder überraschend neu.

Rezept →

Pouletbrüstli in Morchelsauce

40 Min.

50 g	**getrocknete Morcheln**	Ofen auf 60 Grad vorheizen, Platte und Teller vorwärmen. Morcheln in eine kleine Schüssel geben, mit kaltem Wasser bedecken, ca. 15 Min. einweichen. Morcheln abtropfen, halbieren, gut waschen, abtropfen. Schalotte schälen, fein hacken.
1	**Schalotte**	
2 EL	**Bratbutter**	Bratbutter in einer Bratpfanne heiss werden lassen. Pouletbrüstli würzen, beidseitig je ca. 1 Min. anbraten. Hitze reduzieren, beidseitig je ca. 4 Min. fertig braten. Herausnehmen, warm stellen.
4	**Pouletbrüstli** (je ca. 160 g)	
¾ TL	**Salz**	
wenig	**Pfeffer**	
1 EL	**Butter**	Butter in derselben Pfanne warm werden lassen. Schalotte und Morcheln ca. 2 Min. andämpfen. Calvados beigeben, etwas einköcheln. Saucen-Halbrahm, Rahm und Bouillon dazugiessen, bei mittlerer Hitze ca. 10 Min. köcheln, bis die Sauce sämig ist. Pouletbrüstli wieder beigeben, nur noch heiss werden lassen. Kerbel grob schneiden, darüberstreuen.
2 EL	**Calvados**	
2 dl	**Saucen-Halbrahm**	
1 dl	**Vollrahm**	
1½ dl	**Fleischbouillon**	
5	**Zweiglein Kerbel**	

Dazu passen: Nudeln, Knöpfli.

Portion (¼): 497 kcal, F 33 g, Kh 7 g, E 43 g

Varianten

Dieses Gericht schmeckt auch super mit Steinpilzen und glattblättriger Petersilie anstelle von Morcheln und Kerbel. Den Calvados kannst du auch durch Cognac ersetzen.

Pouletgeschnetzeltes an Spargelsauce

35 Min.

500 g	**grüne Spargeln**	Ofen auf 60 Grad vorheizen, Platte und Teller vorwärmen. Von den Spargeln nur unteres Drittel schälen, schräg in ca. 4 cm lange Stücke schneiden. Schalotten schälen, in feine Schnitze schneiden.
2	**Schalotten**	
	Bratbutter zum Braten	Wenig Bratbutter in einer Bratpfanne heiss werden lassen. Poulet würzen, portionenweise je ca. 4 Min. braten. Herausnehmen, warm stellen. Hitze reduzieren, wenig Bratbutter in dieselbe Pfanne geben.
600 g	**geschnetzeltes Pouletfleisch**	
¾ TL	**Salz**	
wenig	**Pfeffer**	
½ TL	**Salz**	Spargeln ca. 5 Min. rührbraten, salzen. Herausnehmen, warm stellen. Schalotten in dieselbe Pfanne geben, andämpfen, Wein dazugiessen, etwas einköcheln. Bouillon und Rahm dazugiessen, aufkochen. Hitze reduzieren, ca. 5 Min. köcheln. Senf darunterrühren, Fleisch mit dem entstandenen Fleischsaft und den Spargeln wieder beigeben, nur noch heiss werden lassen. Estragon grob schneiden, darüberstreuen.
1 dl	**Weisswein**	
2 dl	**Hühnerbouillon**	
2½ dl	**Vollrahm**	
2 EL	**grobkörniger Senf**	
3	**Zweiglein Estragon**	

Dazu passen: Kartoffelstock, feine Nudeln.

Portion (¼): 446 kcal, F 28 g, Kh 8 g, E 39 g

Raffiniert verfeinert mit Senf. Der Estragon sorgt für eine feine Zitrusnote.

FEUER & Flamme

Zeit für etwas Showtime: Flambieren bringt nicht nur leckere Aromen in deine Sauce, es sorgt auch für effektvolles Spektakel. Aber denk dran: Nie unter eingeschaltetem Dampfabzug flambieren!

Grappa

Passt zu Kalb, Schwein, Poulet, Ente.

Absinth

Passt zu Rind, Schwein, Lamm, Poulet.

Whisky

Passt zu Poulet, Fisch, Meeresfrüchten.

Cognac

Passt zu Kalb, Rind, Schwein, Poulet.

Calvados

Passt zu Rind, Schwein, Poulet.

Rezept →

Kalbsmedaillons in Cognac-Rahmsauce

30 Min.

2 EL	**Bratbutter**	Ofen auf 60 Grad vorheizen, Platte und Teller vorwärmen. Bratbutter in einer weiten Bratpfanne heiss werden lassen. Fleisch würzen, beidseitig je ca. 1 Min. anbraten. Hitze reduzieren, beidseitig je ca. 2 Min. fertig braten. Cognac dazugiessen, Fleisch flambieren (siehe Tipps). Herausnehmen, warm stellen.
8	**Kalbsmedaillons** (je ca. 80 g, ca. 3 cm dick)	
¾ TL	**Salz**	
wenig	**Pfeffer**	
½ dl	**Cognac**	
5	**Tranchen Rohessspeck**	Speck in feine Streifen schneiden, Schalotte schälen, fein hacken. Speck in derselben Pfanne ca. 2 Min. ohne Fett knusprig braten. Schalotte kurz mitbraten. Cognac und Paprika beigeben, kurz einköcheln. Bouillon und Saucen-Halbrahm dazugiessen, ca. 5 Min. köcheln. Fleisch mit dem entstandenen Fleischsaft wieder beigeben, nur noch heiss werden lassen.
1	**Schalotte**	
1 EL	**Cognac**	
1 TL	**Edelsüss-Paprika**	
1½ dl	**Fleischbouillon**	
2 dl	**Saucen-Halbrahm**	

Dazu passt: Trockenreis, Risotto.

Portion (¼): 422 kcal, F 29 g, Kh 2 g, E 38 g

Tipps

- Entzünde den Cognac mit einem langen Streichholz aus sicherer Distanz. Flambiere so lange, bis der Alkohol verbrannt ist. **Achtung!** Nie unter eingeschaltetem Dampfabzug flambieren!
- Statt Kalbs- Schweinsmedaillons verwenden.

Schweinsvoressen in Biersauce

30 Min. + 1½ Std. schmoren | schlank | low carb

1	**Zwiebel**	Ofen auf 180 Grad vorheizen. Zwiebel schälen, halbieren, in feine Streifen schneiden. Petersilienwurzeln und Rüebli schälen, in ca. 5 mm dicke Scheiben schneiden. Lauch in Ringe schneiden, Apfelringe vierteln.
200 g	**Petersilienwurzeln**	
200 g	**Rüebli**	
200 g	**Lauch**	
4	**getrocknete Apfelringe**	
	Bratbutter zum Braten	Wenig Bratbutter im Brattopf heiss werden lassen. Fleisch portionenweise je ca. 5 Min. anbraten. Herausnehmen, würzen, mit Mehl bestäuben. Hitze reduzieren, Bratfett auftupfen.
800 g	**Schweinsvoressen** (z. B. Schulter)	
¾ TL	**Salz**	
wenig	**Pfeffer**	
1 EL	**Mehl**	
150 g	**Speckwürfeli**	Speck in derselben Pfanne langsam ohne Fett knusprig braten. Zwiebel, Petersilienwurzeln, Rüebli, Lauch und Apfelringe mitdämpfen. Bier dazugiessen, etwas einkochen. Bouillon dazugiessen, aufkochen, Hitze reduzieren. Thymian und Lorbeer mit dem Fleisch beigeben, mischen.
2 dl	**alkoholfreies Bier** (siehe Hinweis)	
2½ dl	**Fleischbouillon**	
2	**Zweiglein Thymian**	
1	**Lorbeerblatt**	
		Schmoren: zugedeckt ca. 1½ Std. in der unteren Hälfte des Ofens.

Dazu passen: Salzkartoffeln, Kartoffelstock, Brot.

Portion (¼): 482 kcal, F 23 g, Kh 16 g, E 51 g

Alkoholfreies Bier enthält weniger Bitterstoffe, es verleiht deiner Sauce ein rundes, fein-malziges Aroma.

Plätzli in Zitronensauce

25 Min.

12	**Kalbsplätzli** (z. B. Huft, je ca. 50 g)	Ofen auf 60 Grad vorheizen, Platte und Teller vorwärmen. Plätzli etwas flach klopfen, würzen. Mehl in einen flachen Teller geben. Plätzli im Mehl wenden, überschüssiges Mehl abschütteln.
¾ TL	**Salz**	
wenig	**Pfeffer**	
1½ EL	**Mehl**	
	Bratbutter zum Braten	Wenig Bratbutter in einer Bratpfanne heiss werden lassen. Fleisch portionenweise beidseitig je ca. 1 Min. anbraten. Hitze reduzieren, beidseitig je ca. 1 Min. fertig braten. Herausnehmen, warm stellen.
2	**Bio-Zitronen**	Von einer Zitrone die Schale abreiben, beiseite stellen. Von beiden Zitronen den Saft auspressen (ergibt ca. 1¼ dl), mit der Bouillon und dem Rahm in dieselbe Pfanne giessen, aufkochen. Hitze reduzieren, ca. 5 Min. einköcheln. Beiseite gestellte Zitronenschale, Kapernäpfel und Zucker beigeben. Fleisch mit dem entstandenen Fleischsaft wieder beigeben, nur noch heiss werden lassen, würzen. Petersilie grob schneiden, darüberstreuen.
1 dl	**Fleischbouillon**	
2½ dl	**Vollrahm**	
50 g	**Kapernäpfel**	
1½ TL	**Zucker**	
	Salz, Pfeffer, nach Bedarf	
3	**Zweiglein glattblättrige Petersilie**	

Dazu passen: Tagliatelle.

Portion (¼): 425 kcal, F 28 g, Kh 9 g, E 35 g

Plätzli flach klopfen

Lege die Plätzli nacheinander zwischen einen aufgeschnittenen Plastikbeutel und klopfe sie mit einem Pfannenboden oder Fleischklopfer flacher.

BINDET DEINE *Sauce*

Hast du gewusst, dass fein geriebene Zwiebeln deine Sauce auf ganz natürliche Art binden, wenn du sie in der Sauce mitköchelst? Dieser Trick klappt aber nicht nur mit weissen Zwiebeln, sondern auch mit …

Schalotten
Saucenzwiebeln
Cipollotte oder
Bundzwiebeln
roten Zwiebeln
gelben Zwiebeln

Rezept →

Geschnetzeltes in Schalottensauce

30 Min.

3 1	**Schalotten** **rotschaliger Apfel**	Ofen auf 60 Grad vorheizen, Platte und Teller vorwärmen. Schalotten schälen, in feine Schnitze schneiden. Apfel entkernen, in feine Schnitze schneiden.
 500 g ½ TL wenig	**Bratbutter** zum Braten **geschnetzeltes Schweinefleisch** (à la minute) **Salz** **Pfeffer**	Wenig Bratbutter in einer Bratpfanne heiss werden lassen. Fleisch portionenweise je ca. 1½ Min. braten. Herausnehmen, würzen, warm stellen. Evtl. wenig Bratbutter in dieselbe Pfanne geben.
2 dl 1 dl 200 g 40 g 3	**Apfelwein** **Fleischbouillon** **Crème fraîche** **Baumnusskerne** **Zweiglein Petersilie**	Apfelschnitze ca. 2 Min. rührbraten, herausnehmen, warm stellen. Hitze reduzieren, Schalotten ca. 5 Min. andämpfen. Apfelwein und Bouillon dazugiessen, ca. 5 Min. einköcheln. Crème fraîche darunterrühren, ca. 2 Min. köcheln. Fleisch mit dem entstandenen Fleischsaft und den Apfelschnitzen wieder beigeben, nur noch heiss werden lassen. Baumnusskerne grob hacken, Petersilie fein schneiden, beides darüberstreuen.

Dazu passt: Polenta.

Portion (¼): 479 kcal, F 35 g, Kh 8 g, E 30 g

Betty Family

Kids am Tisch? Dann nimm einfach alkoholfreien Apfelwein.

SKEPPSHULT

Poulet-Pilz-Sauce

35 Min.

250 g 1 1	**Champignons** **Zwiebel** **Knoblauchzehe**	Pilze vierteln, Zwiebel und Knoblauch schälen.
 500 g ½ TL wenig	**Bratbutter** zum Braten **geschnetzeltes Pouletfleisch** **Salz** **Pfeffer**	Wenig Bratbutter in einer Bratpfanne heiss werden lassen. Poulet portionenweise je ca. 4 Min. braten. Herausnehmen, würzen. Hitze reduzieren, evtl. wenig Bratbutter in dieselbe Pfanne geben.
¼ TL wenig 1 EL 2½ dl 2 dl 1 Bund	**Salz** **Pfeffer** **Zitronensaft** **Hühnerbouillon** **Saucen-Halbrahm** **Schnittlauch**	Pilze ca. 4 Min. anbraten, würzen. Zwiebel und Knoblauch fein dazureiben, kurz mitbraten. Zitronensaft beigeben, Bouillon und Saucen-Halbrahm dazugiessen, ca. 5 Min. köcheln. Poulet mit dem entstandenen Saft wieder beigeben, nur noch heiss werden lassen. Schnittlauch fein schneiden, darüberstreuen.

Dazu passen: Blätterteig-Pastetli, Nüdeli.

Portion (¼): 315 kcal, F 18 g, Kh 5 g, E 33 g

Verwende statt Poulet 500 g geräucherten Tofu, in Würfel geschnitten.

Geschnetzeltes in Rotweinsauce

30 Min. laktosefrei

200 g **150 g**	**Pilze** (z. B. Champignons, Kräuterseitlinge) **kernlose Trauben**	Ofen auf 60 Grad vorheizen, Platte und Teller vorwärmen. Pilze in Scheiben schneiden, Trauben halbieren.
 600 g **½ TL** **wenig** **1 EL**	**Öl** zum Braten **geschnetzeltes Rindfleisch** (à la minute) **Salz** **Pfeffer** **Mehl**	Wenig Öl in einer Bratpfanne heiss werden lassen. Fleisch portionenweise je ca. 1½ Min. braten. Herausnehmen, würzen, mit Mehl bestäuben, warm stellen. Hitze reduzieren, evtl. wenig Öl in dieselbe Pfanne geben.
1 **3** **2 dl** **2½ dl**	**rote Zwiebel** **Zweiglein Rosmarin** **Rotwein** **Fleischbouillon**	Pilze ca. 3 Min. rührbraten. Zwiebel schälen, fein dazureiben, Rosmarin beigeben, ca. 2 Min. mitbraten. Herausnehmen, warm stellen. Wein und Bouillon in dieselbe Pfanne giessen, ca. 10 Min. köcheln. Trauben mit den Pilzen beigeben, aufkochen. Fleisch mit dem entstandenen Fleischsaft wieder beigeben, nur noch heiss werden lassen.

Dazu passt: Polenta.

Portion (¼): 246 kcal, F 6 g, Kh 9 g, E 36 g

Betty Family

Kids am Tisch? Dann ersetze den Rotwein durch roten Traubensaft.

WIR SIND sensibel

Wir mögen keine Hitze, und ein Bad in der Sauce macht uns unansehnlich. Bitte streu uns erst kurz vor dem Servieren über dein Gericht. Vielen Dank.

Pfefferminze
Basilikum
Kerbel
Thai-Basilikum
Schnittlauch
glattblättrige Petersilie
Rezept →

Kalbsgeschnetzeltes in Kräutersauce

25 Min.

600 g	**Kalbfleisch** (z. B. Nuss)	Ofen auf 60 Grad vorheizen, Platte und Teller vorwärmen. Fleisch in ca. 1 cm breite Streifen schneiden. Zwiebel schälen, fein hacken.
1	**Zwiebel**	
	Bratbutter zum Braten	Wenig Bratbutter in einer Bratpfanne heiss werden lassen. Fleisch portionenweise je ca. 2 Min. braten. Herausnehmen, würzen, mit dem Mehl bestäuben, warm stellen. Hitze reduzieren, evtl. wenig Bratbutter in dieselbe Pfanne geben.
½ TL	**Salz**	
wenig	**Pfeffer**	
1 EL	**Mehl**	
1	**Bio-Zitrone**	Zwiebel ca. 2 Min. andämpfen. Von der Zitrone die Hälfte der Schale dazureiben, 1 EL Saft dazupressen. Wein dazugiessen, ca. 2 Min. einköcheln. Bouillon und Rahm dazugiessen, aufkochen. Hitze reduzieren, ca. 5 Min. köcheln. Schnittlauch und Petersilie fein schneiden, mit dem Fleisch und dem entstandenen Fleischsaft beigeben, nur noch heiss werden lassen.
1 dl	**Weisswein**	
1½ dl	**Fleischbouillon**	
2½ dl	**Vollrahm**	
1 Bund	**Schnittlauch**	
1 Bund	**glattblättrige Petersilie**	

Dazu passen: Rösti, Nüdeli.

Portion (¼): 426 kcal, F 28 g, Kh 6 g, E 35 g

Dieses Lieblingsrezept schmeckt auch mit Poulet sehr lecker!

Kartoffelstock mit Lauchsauce

40 Min. vegetarisch

500 g	**Lauch**	Lauch in ca. 1 cm breite Ringe schneiden. Aprikosen in Streifen schneiden.
50 g	**Dörraprikosen**	
1 EL	**Butter**	Butter in einer Pfanne warm werden lassen. Lauch ca. 3 Min. andämpfen, würzen. Thymian und Safran mit den Aprikosen kurz mitdämpfen. Wasser und Rahm dazugiessen, zugedeckt ca. 8 Min. weich köcheln. Käse daruntermischen.
½ TL	**Salz**	
wenig	**Pfeffer**	
2	**Zweiglein Thymian**	
1	**Briefchen Safran**	
2 dl	**Wasser**	
2½ dl	**Vollrahm**	
100 g	**geriebener Gruyère**	
1 kg	**mehlig kochende Kartoffeln**	Kartoffeln schälen, in ca. 2 cm grosse Stücke schneiden, offen im siedenden Salzwasser ca. 20 Min. weich kochen. Wasser abgiessen, Restfeuchtigkeit der Kartoffeln unter Hin-und-her-Bewegen der Pfanne auf der ausgeschalteten Platte verdampfen lassen, bis die Kartoffeln weisslich und trocken sind.
	Salzwasser, siedend	
1½ dl	**Milch**	Kartoffeln portionenweise durchs Passe-vite in die Pfanne zurücktreiben. Milch in einer Pfanne heiss werden lassen, unter Rühren nach und nach beigeben. Butter in Stücke schneiden, unter den Stock rühren, bis er die gewünschte Konsistenz hat. Muskat darunterrühren, würzen. Kartoffelstock mit der Lauchsauce anrichten.
100 g	**Butter**	
¼ TL	**Muskat**	
½ TL	**Salz**	
wenig	**Pfeffer**	

Dazu passt: geriebener Gruyère.

Portion (¼): 764 kcal, F 55 g, Kh 45 g, E 16 g

Lachs in Masgonzola-Sauce

30 Min.

4	**Lachstranchen ohne Haut** (je ca. 150 g)	Ofen auf 60 Grad vorheizen, Platte und Teller vorwärmen. Lachstranchen mit einer Pinzette von allfälligen Gräten befreien. Lachstranchen würzen, Dill darauflegen, mit je 2 Specktranchen umwickeln. Schalotte schälen, fein hacken.
½ TL	**Salz**	
wenig	**Pfeffer**	
4	**Zweiglein Dill**	
8	**Tranchen Bratspeck**	
1	**Schalotte**	
1 EL	**Bratbutter**	Bratbutter in einer beschichteten Bratpfanne heiss werden lassen. Hitze reduzieren, Lachstranchen rundum ca. 4 Min. braten. Herausnehmen, warm stellen.
1	**Knoblauchzehe**	Schalotte in derselben Pfanne andämpfen, Knoblauch dazupressen. Vermouth beigeben, etwas einköcheln. Bouillon und Milch dazugiessen, bei mittlerer Hitze ca. 3 Min. köcheln. Käse in Stücke schneiden, beigeben, in der Sauce schmelzen lassen. Von der Zitrone wenig Schale dazureiben, 1 EL Saft dazupressen. Fisch wieder beigeben, nur noch heiss werden lassen. Dill fein schneiden, darüberstreuen.
3 EL	**trockener weisser Vermouth** (z. B. Noilly Prat)	
1 dl	**Gemüsebouillon**	
2 dl	**Vollmilch**	
200 g	**Masgonzola**	
1	**Bio-Zitrone**	
½ Bund	**Dill**	

Dazu passt: Wildreis-Mix.

Portion (¼): 661 kcal, F 54 g, Kh 4 g, E 40 g

Tipp

Masgonzola ist ein Schichtkäse aus Gorgonzola und Mascarpone. Wenn du kein Gorgonzola-Fan bist, kannst du Masgonzola durch Frischkäse nature oder Mascarpone ersetzen.

SAUCEN-SIMSALABIM

Senf

Mit Senf kannst du im Nu ganz einfach deine Sauce lecker aromatisieren. Spiel mit den verschiedenen Sorten nach Lust und Laune. Wichtig ist nur, dass du die Sauce nicht mehr kochst, wenn du Senf beigegeben hast, sonst trennt sie sich.

Deine eigene Senf-Kreation

Du kannst dir ganz einfach deinen persönlichen Lieblingssenf zubereiten. Nimm den Senf, den du gerade zu Hause hast (mild, scharf oder grobkörnig) und mische ihn mit pürierten Kräutern (z. B. glattblättrige Petersilie, Dill) oder Früchten (z. B. Apfel, Mango, Himbeeren). Oder du reibst wenig Orangenschale dazu.

Rezept →

Lammwürfel in Senfsauce

30 Min.

3	**Lammnierstücke** (je ca. 200 g)	Fleisch in ca. 2 cm grosse Würfel schneiden. Zwiebel schälen, fein hacken. Artischocken abtropfen, vierteln.
1	**Zwiebel**	
1 Dose	**Artischockenherzen** (ca. 400 g)	
	Öl zum Braten	Wenig Öl in einer Bratpfanne heiss werden lassen. Fleisch portionenweise je ca. 1½ Min. braten. Herausnehmen, würzen, beiseite stellen. Hitze reduzieren, evtl. wenig Öl in dieselbe Pfanne geben.
1 TL	**Edelsüss-Paprika**	
½ TL	**Salz**	
wenig	**Pfeffer**	
1	**Knoblauchzehe**	Zwiebel und Artischocken ca. 2 Min. andämpfen. Knoblauch dazupressen. Wein dazugiessen, etwas einkochen. Bouillon und Saucen-Halbrahm dazugiessen, aufkochen, Hitze reduzieren, ca. 5 Min. köcheln. Senf darunterrühren, Fleisch mit dem entstandenen Fleischsaft wieder beigeben, nur noch heiss werden lassen. Petersilie fein schneiden, darüberstreuen.
1 dl	**Weisswein**	
1 dl	**Fleischbouillon**	
2 dl	**Saucen-Halbrahm**	
2 EL	**grobkörniger Senf**	
3	**Zweiglein Petersilie**	

Dazu passen: Kartoffelstock, Nudeln.

Portion (¼)**:** 381 kcal, F 21 g, Kh 9 g, E 36 g

Pouletbrüstli in Nusssauce

30 Min. laktosefrei

- **2 EL** **Olivenöl**
- **4** **Pouletbrüstli** (je ca. 160 g)
- **½ TL** **Salz**
- **wenig** **Pfeffer**

Ofen auf 60 Grad vorheizen, Platte und Teller vorwärmen. Öl in einer Bratpfanne heiss werden lassen. Pouletbrüstli würzen, beidseitig je ca. 1 Min. anbraten. Hitze reduzieren, beidseitig je ca. 4 Min. fertig braten. Herausnehmen, warm stellen, Pfanne von der Platte nehmen.

- **40 g** **Haselnüsse**
- **40 g** **Baumnusskerne**
- **2 EL** **ungesalzene geschälte Pistazien**
- **2** **Knoblauchzehen**
- **2 EL** **flüssiger Honig**
- **2 dl** **Hühnerbouillon**
- **1** **Limette**
- **3** **Zweiglein Koriander** oder Petersilie

Nüsse und Pistazien grob hacken, in dieselbe Pfanne geben. Knoblauch dazupressen, Honig beigeben. Bouillon dazugiessen, aufkochen, Hitze reduzieren. Poulet wieder beigeben, in der Sauce wenden. Limette heiss abspülen, trocken tupfen, Schale dazureiben, 1 EL Saft dazupressen. Koriander fein schneiden, darüberstreuen.

Dazu passen: Nudeln, Risotto.

Portion (¼): 430 kcal, F 23 g, Kh 13 g, E 42 g

Steckt voller Aromen!

Medaillons in Orangensauce

30 Min.

12	**Schweinsmedaillons** (je ca. 60 g)	Ofen auf 60 Grad vorheizen, Platte und Teller vorwärmen. Fleisch würzen. Mehl in einen flachen Teller geben. Fleisch im Mehl wenden, überschüssiges Mehl abschütteln. Von der Orange Schale mit dem Sparschäler abschälen und in feine Streifen schneiden. 1 EL Saft auspressen, beides beiseite stellen.
¾ TL	**Salz**	
wenig	**Pfeffer**	
1 EL	**Mehl**	
1	**Bio-Orange**	
	Bratbutter zum Braten	Wenig Bratbutter in einer Bratpfanne heiss werden lassen. Fleisch portionenweise beidseitig je ca. 1 Min. anbraten. Hitze reduzieren, beidseitig je ca. 1 Min. fertig braten. Herausnehmen, warm stellen.
2 dl	**Weisswein**	Wein und Bouillon in dieselbe Pfanne giessen. Bratsatz lösen, aufkochen, Hitze reduzieren. Sternanis und Zimtstange beigeben. Butter und Mehl mit einer Gabel mischen, unter Rühren beigeben, ca. 8 Min. köcheln. Salbei fein schneiden, mit den Cranberrys, dem Honig, der beiseite gestellten Orangenschale und dem Orangensaft beigeben, ca. 2 Min. fertig köcheln. Medaillons mit dem entstandenen Fleischsaft wieder beigeben, nur noch heiss werden lassen, Sauce würzen.
2 dl	**Fleischbouillon**	
1	**Sternanis**	
1	**Zimtstange**	
½ EL	**Butter,** weich	
½ EL	**Mehl**	
5	**Salbeiblätter**	
3 EL	**getrocknete Cranberrys**	
1 EL	**flüssiger Honig**	
	Pfeffer, nach Bedarf	

Dazu passen: Nudeln.

Portion (¼): 322 kcal, F 11 g, Kh 13 g, E 41 g

Ein wunderbares, winterliches Gericht für Gäste, das du schnell und einfach zubereitet hast.

SCHWEIZER Fisch

Fisch ist gesund und lecker! Und es muss wirklich nicht immer Meerfisch und importierter Fisch sein. Entdecke die leckeren Fische, die in heimischen Gewässern schwimmen! Sie sind genauso delikat in deinen Gerichten!

Gut zu wissen

Die Farbe von Saiblingfilets variiert je nach Fütterung und Herkunft von fast weiss bis zu kräftig orange.

Rezept →

Zander in Proseccosauce

35 Min.

1	**Zucchini**	Ofen auf 60 Grad vorheizen, Platte und Teller vorwärmen. Zucchini in Würfeli schneiden. Knoblauch schälen, in Scheibchen schneiden. Fischfilets mit einer Pinzette von allfälligen Gräten befreien, in 4 Stücke schneiden, würzen.
1	**Knoblauchzehe**	
600 g	**Zanderfilets mit Haut**	
¾ TL	**Salz**	
wenig	**Pfeffer**	
2 EL	**Olivenöl**	Öl in einer beschichteten Bratpfanne heiss werden lassen. Fisch mit der Hautseite nach unten ca. 1½ Min. anbraten, wenden. Hitze reduzieren, Thymian mit dem Knoblauch beigeben, ca. 2 Min. fertig braten. Herausnehmen, warm stellen.
2	**Zweiglein Thymian**	
1 EL	**Olivenöl**	Öl in derselben Pfanne warm werden lassen. Zucchini und Gemüsewürfeli kurz andämpfen, Zucker darüberstreuen, würzen. Prosecco dazugiessen, ca. 3 Min. köcheln. Rahm dazugiessen, aufkochen, Hitze reduzieren, Bouillonpulver beigeben, ca. 5 Min. köcheln. Fisch wieder beigeben, nur noch heiss werden lassen.
70 g	**Brunoise-Gemüsemischung**	
1 TL	**Zucker**	
¼ TL	**Salz**	
wenig	**Pfeffer**	
2 dl	**Prosecco** oder Weisswein	
2 dl	**Vollrahm**	
1 TL	**Gemüsebouillon-Pulver**	

Dazu passen: Wildreis-Mix, feine Nudeln.

Portion (¼): 392 kcal, F 27 g, Kh 5 g, E 31 g

Servier-Tipp

Egal, ob du Prosecco oder Weisswein für das Gericht verwendest, es schmeckt beides toll. Serviere zum Essen aber unbedingt das Getränk, das du auch für die Sauce verwendet hast.

Poulet in Estragon-Tomatensauce

45 Min. + 50 Min. schmoren · schlank · laktosefrei · low carb

400 g	**Rüebli**	Rüebli schälen, in Stängel schneiden, Kartoffeln mit der Schale vierteln. Zwiebel schälen, fein hacken.
400 g	**Baby-Kartoffeln**	
1	**Zwiebel**	
	Bratbutter zum Anbraten	Bratbutter im Brattopf heiss werden lassen. Poulet portionenweise rundum je ca. 5 Min. anbraten. Herausnehmen, würzen, mit dem Mehl bestäuben. Bratfett auftupfen.
1 kg	**Pouletteile** (z. B. Ober- und Unterschenkel)	
1 TL	**Salz**	
wenig	**Pfeffer**	
1 EL	**Mehl**	
80 g	**Speckwürfeli**	Speckwürfeli in derselben Pfanne langsam ohne Fett knusprig braten. Rüebli, Kartoffeln und Zwiebel ca. 2 Min. mitbraten. Tomaten und Estragon beigeben. Bouillon dazugiessen, aufkochen, Hitze reduzieren. Poulet wieder beigeben, zugedeckt bei kleiner Hitze ca. 50 Min. schmoren. Estragon grob schneiden, darüberstreuen.
1 Dose	**gehackte Tomaten** (ca. 400 g)	
3	**Zweiglein Estragon**	
2 dl	**Hühnerbouillon**	
3	**Zweiglein Estragon**	

Portion (¼): 484 kcal, F 27 g, Kh 25 g, E 33 g

One Pot Wonder

Venere-Reis mit Kohlrabisauce

1 Std. | vegetarisch | schlank | glutenfrei

250 g	**schwarzer Reis** (Venere) **Salzwasser,** siedend	Reis offen im siedenden Wasser ca. 40 Min. weich kochen. Abtropfen, zugedeckt beiseite stellen.
1 **1** **800 g**	**Zwiebel** **roter Peperoncino** **Kohlrabi**	Zwiebel schälen, in feine Streifen schneiden. Peperoncino entkernen, fein hacken. Kohlrabi schälen, in feine Streifen schneiden.
1 EL **¾ TL** **2 dl** **2 dl** **6** **3** **3 EL**	**Olivenöl** **Salz** **Wasser** **Saucen-Halbrahm** **getrocknete Tomaten in Öl** **Zweiglein Dill** **grobkörniger Senf**	Öl in einer Pfanne warm werden lassen. Zwiebel und Peperoncino andämpfen. Kohlrabi beigeben, salzen, ca. 2 Min. mitdämpfen. Wasser und Saucen-Halbrahm dazugiessen, zugedeckt bei mittlerer Hitze ca. 8 Min. köcheln. Tomaten abtropfen, in feine Streifen schneiden. Dill grob schneiden, beides mit dem Senf in die Sauce geben, mischen, heiss werden lassen. Kohlrabisauce mit dem Reis anrichten.

Portion (¼): 452 kcal, F 19 g, Kh 58 g, E 10 g

Poulet-Hackbällchen in Kapernsauce

35 Min.

600 g	**Hackfleisch** (Poulet) **1** **Ei** **3 EL** **Paniermehl** **1 EL** **geriebener Sbrinz** **1** **Zwiebel** **4** **Zweiglein Pfefferminze** **½ TL** **Salz** **wenig** **Pfeffer**	Ofen auf 60 Grad vorheizen, Platte und Teller vorwärmen. Hackfleisch, Ei, Paniermehl und Käse in eine Schüssel geben. Zwiebel schälen, fein hacken, Pfefferminze fein schneiden, je die Hälfte beigeben, würzen. Mit einer Gabel kurz mischen, bis sich die Zutaten zu einer kompakten Masse verbinden. Masse mit nassen Händen zu 16 Bällchen formen, etwas flach drücken.
	Öl zum Braten	Wenig Öl in einer Bratpfanne heiss werden lassen. Hitze reduzieren, Bällchen portionenweise bei mittlerer Hitze rundum je ca. 10 Min. braten. Herausnehmen, warm stellen.
1 EL **1** **2 dl** **2 dl** **3 EL** **2 EL**	**Butter** **Bio-Zitrone** **Hühnerbouillon** **Vollrahm** **Kapern** **geriebener Sbrinz**	Butter in derselben Pfanne warm werden lassen. Restliche Zwiebel andämpfen. Von der Zitrone die Schale dazureiben, den ganzen Saft auspressen, beigeben. Bouillon und Rahm dazugiessen, ca. 5 Min. köcheln. Kapern abtropfen, mit dem Käse und den Bällchen beigeben, heiss werden lassen. Restliche Pfefferminze darüberstreuen.

Dazu passen: Bratkartoffeln.

Portion (¼): 487 kcal, F 34 g, Kh 8 g, E 36 g

Die Frische von Zitrone und Pfefferminze verleiht dieser Sauce südliches Flair.

Brätkügeli in Tomaten-Rahmsauce

30 Min. schlank glutenfrei

	Öl zum Braten	Wenig Öl in einer beschichteten Bratpfanne heiss werden lassen. Brätkügeli ca. 5 Min. braten. Herausnehmen, zugedeckt beiseite stellen.
450 g	**Brätkügeli**	
300 g	**Cherry-Tomaten**	Cherry-Tomaten halbieren, Zwiebel und Knoblauch schälen, fein hacken. Wenig Öl in derselben Pfanne warm werden lassen. Zwiebel und Knoblauch andämpfen. Cherry-Tomaten mit dem Zucker kurz mitdämpfen. Tomaten und Basilikum beigeben. Rahm dazugiessen, aufkochen, salzen, bei kleiner Hitze ca. 15 Min. köcheln. Brätkügeli wieder beigeben, heiss werden lassen. Basilikum grob schneiden, darüberstreuen.
1	**Zwiebel**	
1	**Knoblauchzehe**	
2 TL	**Zucker**	
1 Dose	**gehackte Tomaten** (ca. 400 g)	
2	**Zweiglein Basilikum**	
1 dl	**Vollrahm**	
½ TL	**Salz**	
3	**Zweiglein Basilikum**	

Dazu passt: Polenta, Kartoffelstock.

Portion (¼): 388 kcal, F 31 g, Kh 12 g, E 16 g

WILD UND fruchtig

Das Fleisch von Wild harmoniert sehr gut mit Früchten, weil es selber eine leicht süssliche Note hat. Der gedämpfte Apfel mit Preiselbeeren ist ganz klassisch. Variiere deine Sauce zu Wild mit diesen saisonalen Herbstfrüchten, sie passen alle super! Du kannst mit Gelee, Konfitüre oder mit Kompott experimentieren.

rosa Trauben
blaue Trauben
Feigen
Brombeeren und Brombeergelee

Rezept →

Rehschnitzel in Feigensauce

30 Min.

	Bratbutter zum Braten **Rehschnitzel** (je ca. 50 g) **Salz** **Pfeffer**	Ofen auf 60 Grad vorheizen, Platte und Teller vorwärmen. Wenig Bratbutter in einer Bratpfanne heiss werden lassen. Rehschnitzel portionenweise beidseitig je ca. 1 Min. braten. Herausnehmen, würzen, warm stellen. Hitze reduzieren, wenig Bratbutter in dieselbe Pfanne geben.
12 **¾ TL** **wenig**		
3 **2**	**Feigen** **Zweiglein Thymian**	Feigen vierteln, mit dem Thymian ca. 1 Min. braten, herausnehmen, warm stellen.
2 dl **2 dl** **½ EL** **½ EL** **2 EL**	**roter Portwein** **Wildfond** oder Fleischbouillon **Butter,** weich **Mehl** **Preiselbeeren aus dem Glas**	Portwein in dieselbe Pfanne giessen, etwas einköcheln. Fond dazugiessen, aufkochen, Hitze reduzieren. Butter und Mehl mit einer Gabel mischen, unter Rühren beigeben, ca. 8 Min. köcheln. Preiselbeeren und Fleisch mit dem entstandenen Fleischsaft beigeben, Feigen in die Sauce legen, nur noch heiss werden lassen.

Dazu passen: Spätzli.

Portion (¼): 260 kcal, F 7 g, Kh 11 g, E 34 g

Die kräftige Portweinsauce mit Feigen und herb-süssen Preiselbeeren harmoniert perfekt mit Wild.

Bratwurst mit Tomaten-Zwiebelsauce

30 Min.

4	**Zwiebeln**	Zwiebeln schälen, halbieren, in feine Streifen schneiden. Bratbutter in einer beschichteten Bratpfanne heiss werden lassen. Hitze reduzieren, Zwiebeln mit dem Honig bei mittlerer Hitze ca. 3 Min. rührbraten, würzen. Tomaten in Stücke schneiden, mit dem Curry und dem Aceto beigeben. Bouillon dazugiessen, ca. 15 Min. köcheln. Petersilie grob schneiden, beigeben.
1 EL	**Bratbutter**	
2 EL	**flüssiger Honig**	
¼ TL	**Salz**	
wenig	**Pfeffer**	
3	**Tomaten**	
1 EL	**milder Curry**	
2 EL	**Aceto balsamico bianco**	
2 dl	**Gemüsebouillon**	
3	**Zweiglein glattblättrige Petersilie**	
1 EL	**Bratbutter**	Bratbutter in einer beschichteten Bratpfanne heiss werden lassen. Bratwürste beidseitig je ca. 5 Min. braten, mit der Tomaten-Zwiebelsauce anrichten.
4	**Schweinsbratwürste** (je ca. 100 g)	

Dazu passt: Rösti, Brot.

Portion (¼): 488 kcal, F 34 g, Kh 20 g, E 23 g

Klassische Zwiebelsauce

Lass einfach Curry und Tomaten im Rezept oben weg – et voilà – die klassische Zwiebelsauce.

Mmh, schmeckt wie Currywurst!

Hohrückensteaks in Pfeffersauce

30 Min.

1 EL	**Bratbutter**	Ofen auf 60 Grad vorheizen, Platte und Teller vorwärmen. Bratbutter in einer Bratpfanne heiss werden lassen. Steaks beidseitig je ca. 1 Min. anbraten. Hitze reduzieren, bei mittlerer Hitze beidseitig je ca. 2 Min. fertig braten, würzen, herausnehmen, warm stellen.
4	**Rindshohrückensteaks** (je ca. 200 g)	
¾ TL	**Salz**	
wenig	**Pfeffer**	
3 EL	**eingelegte grüne Pfefferkörner**	Pfefferkörner abtropfen, zerdrücken, in derselben Pfanne andämpfen. Cognac dazugiessen, Pfefferkörner flambieren (siehe Tipp). Bouillon und Rahm dazugiessen, aufkochen, Hitze reduzieren, ca. 5 Min. köcheln. Fleisch mit dem entstandenen Fleischsaft wieder beigeben, nur noch heiss werden lassen.
½ dl	**Cognac**	
2 dl	**Fleischbouillon**	
2½ dl	**Vollrahm**	

Dazu passen: Pommes frites, Knöpfli.

Portion (¼): 570 kcal, F 43 g, Kh 2 g, E 44 g

Flambier-Tipp

Den Cognac mit einem langen Streichholz aus sicherer Distanz anzünden. Flambieren, bis der Alkohol verbrannt ist. **Achtung!** Nie unter eingeschaltetem Dampfabzug flambieren!

SAUCEN MIT *frischen Pilzen*

Ob Steinpilze, Eierschwämme, Champignons, Kräuterseitlinge oder Morcheln: Du kannst jede Pilzsauce mit deinen Lieblingspilzen und je nach Saison variieren.

Gut zu wissen

Pilze mit Ausnahme von Morcheln nicht waschen, nur mit einem Pinsel reinigen. Pilze immer heiss anbraten, so werden sie nicht weich, und die Sauce bleibt cremiger. Einige gebratene Pilze beiseite stellen, vor dem Servieren auf dem Gericht anrichten. Frische Morcheln immer 10 Min. in der Sauce köcheln.

Rezept →

Nudeln mit Pilzrahmsauce

30 Min. vegetarisch

400 g	**Pilze** (z. B. Champignons, Eierschwämme, Kräuterseitlinge und Steinpilze) **Zwiebel** **Knoblauchzehen**	Pilze je nach Grösse halbieren oder in Scheiben schneiden. Zwiebel und Knoblauch schälen, beides fein hacken.
1		
2		
	Öl zum Braten	Öl in einer beschichteten Bratpfanne heiss werden lassen. Pilze portionenweise je ca. 5 Min. braten. Herausnehmen, salzen, beiseite stellen. Hitze reduzieren, Zwiebel und Knoblauch in derselben Pfanne ca. 1 Min. andämpfen. Pilze wieder beigeben.
¼ TL	**Salz**	
2 dl	**Weisswein**	Wein dazugiessen, zur Hälfte einkochen. Bouillon und Rahm dazugiessen, ca. 10 Min. köcheln. Schnittlauch fein schneiden, darüberstreuen.
2 dl	**Gemüsebouillon**	
2½ dl	**Vollrahm**	
1 Bund	**Schnittlauch**	
400 g	**Teigwaren** (z. B. Tagliatelle) **Salzwasser,** siedend	Teigwaren im siedenden Salzwasser al dente kochen, abtropfen, mit der Sauce anrichten.

Dazu passt: Reibkäse.

Portion (¼): 635 kcal, F 27 g, Kh 77 g, E 17 g

Pastawasser nutzen

Statt Bouillon kannst du auch Kochwasser von Teigwaren für eine Sauce verwenden. Durch die Stärke im Wasser wird die Sauce gebunden, und du kannst etwas weniger Rahm verwenden.

Diese Sauce passt auch super zu Plätzli

Geschnetzeltes mit Pilz-Tomaten-Sauce

30 Min. · schlank · laktosefrei · glutenfrei

200 g	**Kräuterseitlinge**	Pilze in ca. 5 mm dicke Scheiben, Tomaten in Stücke schneiden, Cherry-Tomaten halbieren. Schalotte schälen, halbieren, in feine Streifen schneiden.
3	**Tomaten**	
250 g	**Cherry-Tomaten**	
1	**Schalotte**	
	Bratbutter zum Braten	Wenig Bratbutter in einer Bratpfanne heiss werden lassen. Fleisch portionenweise je ca. 1½ Min. anbraten. Herausnehmen, würzen, beiseite stellen. Evtl. wenig Bratbutter in dieselbe Pfanne geben.
500 g	**geschnetzeltes Rindfleisch** (à la minute)	
½ TL	**Salz**	
wenig	**Pfeffer**	
1	**Knoblauchzehe**	Pilze ca. 4 Min. anbraten. Hitze reduzieren, Schalotte beigeben, Knoblauch dazupressen, kurz mitbraten. Honig mit den Tomaten beigeben, würzen. Aceto beigeben, ca. 2 Min. köcheln. Fleisch mit dem entstandenen Fleischsaft wieder beigeben, nur noch heiss werden lassen. Basilikum grob schneiden, darüberstreuen.
2 EL	**flüssiger Honig**	
½ TL	**Salz**	
wenig	**Pfeffer**	
1 EL	**Aceto balsamico bianco**	
½ Bund	**Basilikum**	

Dazu passt: Risotto.

Portion (¼): 253 kcal, F 6 g, Kh 17 g, E 31 g

Vegetarisches Stroganoff

30 Min. vegetarisch schlank

1	**Zwiebel**	Zwiebel schälen, fein hacken. Peperoni entkernen, in ca. 1½ cm grosse Stücke, Champignons in Scheiben schneiden.
1	**rote Peperoni**	
200 g	**Champignons**	
1 EL	**Bratbutter**	Bratbutter in einer beschichteten Bratpfanne heiss werden lassen. Geschnetzeltes ca. 4 Min. braten. Herausnehmen, mit dem Paprika bestäuben. Wenig Bratbutter in dieselbe Pfanne geben.
440 g	**Délicorn-Geschnetzeltes**	
1 EL	**Edelsüss-Paprika**	
½ EL	**Mehl**	Zwiebel, Peperoni und Champignons ca. 2 Min. rührbraten. Mehl und Paprika darüberstäuben. Bouillon und Saucen-Halbrahm dazugiessen, aufkochen. Hitze reduzieren, ca. 10 Min. köcheln.
1½ EL	**Edelsüss-Paprika**	
2½ dl	**Gemüsebouillon**	
2 dl	**Saucen-Halbrahm**	
4	**Essiggurken**	Essiggurken in feine Streifen schneiden, mit dem Senf beigeben. Geschnetzeltes wieder beigeben, mischen, nur noch heiss werden lassen. Stroganoff mit dem sauren Halbrahm anrichten.
1 EL	**Senf**	
100 g	**saurer Halbrahm**	

Dazu passen: Knöpfli.

Portion (¼)**:** 447 kcal, F 30 g, Kh 19 g, E 22 g

Das ist das beste vegetarische Stroganoff ever, unbedingt probieren!

HEX DIR Haxen

Wenn du deine Haxen bemehlst, bindet das Mehl die Schmorsauce und liefert dir leckere Röstaromen beim Anbraten. Noch besser bindet Maizena, und es macht deine Haxen erst noch besonders zart und glutenfrei.

Perfekte Schmorsauce

Giesse den Wein nicht auf einmal dazu, sondern in 3 Portionen, lass den Wein immer wieder einreduzieren. So wird deine Sauce schön dunkel, glänzend und herrlich vollmundig.

Rezept →

Haxen in Gemüsesauce

30 Min. + 1¾ Std. schmoren | schlank | laktosefrei

Für ein Bratgeschirr oder einen Brattopf mit Deckel

1	**Zwiebel**	Ofen auf 160 Grad vorheizen. Zwiebel und Knoblauch schälen, beides fein hacken. Rüebli und Pastinaken schälen, in Würfeli schneiden. Stangensellerie in Scheiben schneiden.
1	**Knoblauchzehe**	
200 g	**Rüebli**	
200 g	**Pastinaken**	
200 g	**Stangensellerie**	
2 EL	**Bratbutter**	Wenig Bratbutter im Bratgeschirr heiss werden lassen. Haxen würzen, im Mehl wenden, beidseitig je ca. 3 Min. anbraten. Herausnehmen, Hitze reduzieren, evtl. wenig Bratbutter in das Bratgeschirr geben.
1 kg	**Schweinshaxen**	
1 TL	**Salz**	
wenig	**Pfeffer**	
2 EL	**Mehl**	
1 EL	**Tomatenpüree**	Zwiebel und Knoblauch andämpfen. Rüebli, Pastinaken und Stangensellerie ca. 2 Min. mitdämpfen, restliches Mehl darüberstäuben. Tomatenpüree, Rosmarin und Thymian kurz mitdämpfen. Die Hälfte des Weins dazugiessen, auf die Hälfte einköcheln. Restlichen Wein dazugiessen, etwas einköcheln. Bouillon dazugiessen, aufkochen, Hitze reduzieren. Haxen wieder beigeben, Deckel aufsetzen.
1	**Zweiglein Rosmarin**	
2	**Zweiglein Thymian**	
3 dl	**Rotwein** (z. B. Pinot noir)	
2½ dl	**Fleischbouillon**	
½ Bund	**glattblättrige Petersilie**	**Schmoren:** ca. 1¾ Std. in der Mitte des Ofens. Petersilie grob schneiden, darüberstreuen.

Dazu passt: Polenta.

Portion (¼): 497 kcal, F 22 g, Kh 16 g, E 54 g

Tipp

Wenig Stangenselleriegrün grob schneiden, mit der Petersilie über die Gemüsesauce streuen.

Rahmgulasch mit Kürbis

20 Min. + 1¼ Std. schmoren

30 g	**getrocknete Steinpilze**	Pilze in eine kleine Schüssel geben, mit kaltem Wasser bedecken, ca. 15 Min. einweichen. Pilze abspülen, abtropfen. Zwiebeln schälen, fein hacken.
2	**Zwiebeln**	
	Bratbutter zum Braten	Wenig Bratbutter im Brattopf heiss werden lassen. Fleisch portionenweise je ca. 2 Min. anbraten. Herausnehmen, würzen, mit dem Mehl bestäuben. Hitze reduzieren, Bratfett auftupfen, evtl. wenig Bratbutter in dieselbe Pfanne geben.
800 g	**Kalbsvoressen** (z. B. Schulter)	
¾ TL	**Salz**	
wenig	**Pfeffer**	
3 EL	**Mehl**	
2	**Zweiglein Rosmarin**	Pilze, Zwiebeln und Rosmarin ca. 5 Min. andämpfen. Knoblauch dazupressen, kurz mitdämpfen. Wein dazugiessen, auf die Hälfte einkochen, Bouillon dazugiessen, aufkochen. Hitze reduzieren, Fleisch wieder beigeben, zugedeckt bei kleiner Hitze ca. 1 Std. schmoren.
1	**Knoblauchzehe**	
1 dl	**Weisswein**	
4 dl	**Fleischbouillon**	
500 g	**Kürbis** (z. B. Butternut)	Kürbis schälen, vierteln, entkernen, in ca. 1 cm dicke Scheiben schneiden, zur Sauce geben. Maizena mit dem Rahm anrühren, unter Rühren dazugiessen. Zugedeckt ca. 15 Min. fertig schmoren. Von der Orange die Hälfte der Schale dazureiben, 1 EL Saft dazupressen.
2 TL	**Maizena**	
2 dl	**Vollrahm**	
1	**Bio-Orange**	

Dazu passen: Knöpfli.

Portion (¼): 512 kcal, F 26 g, Kh 20 g, E 46 g

SAUCENGERICHTE *mit Pasta*

Spaghetti an Bolognese-Sauce

20 Min. + 45 Min. schmoren | laktosefrei

1 1 200 g	**Zwiebel** **Knoblauchzehe** **Rüebli**	Zwiebel und Knoblauch schälen, fein hacken. Rüebli schälen, in Würfeli schneiden.
 800 g ¾ TL wenig	**Öl** zum Braten **Hackfleisch** (Rind und Schwein) **Salz** **Pfeffer**	Wenig Öl im Brattopf heiss werden lassen. Hackfleisch portionenweise je ca. 4 Min. anbraten, herausnehmen, würzen. Hitze reduzieren, wenig Öl in dieselbe Pfanne geben.
80 g 2 EL 2 dl 1 Dose 2 dl 3 1 3 1 EL	**Speckwürfeli** **Tomatenpüree** **Rotwein** (z. B. Chianti) **gehackte Tomaten** (ca. 800 g) **Wasser** **Zweiglein Rosmarin** **Lorbeerblatt** **Zweiglein Basilikum** **Aceto balsamico bianco** **Salz, Pfeffer,** nach Bedarf	Speck, Zwiebel, Knoblauch und Rüebli andämpfen. Tomatenpüree kurz mitdämpfen. 1 dl Wein dazugiessen, fast vollständig einkochen. Restlichen Wein, Tomaten, Wasser, Rosmarin und Lorbeer beigeben, aufkochen. Hitze reduzieren, Fleisch wieder beigeben, zugedeckt bei kleiner Hitze ca. 45 Min. schmoren. Basilikum grob schneiden, mit dem Aceto beigeben, Sauce würzen.
400 g	**Spaghetti** **Salzwasser,** siedend	Spaghetti im siedenden Salzwasser al dente kochen, abtropfen, mit der Sauce anrichten.

Dazu passt: geriebener Käse.

Portion (¼): 895 kcal, F 34 g, Kh 85 g, E 57 g

Betty Family

Kids am Tisch? Dann ersetze den Rotwein durch Fleischbouillon.

Vegane Bolognese

50 Min. vegan schlank laktosefrei

1 l 200 g	**Wasser** **schwarze Linsen** (Beluga)	Wasser aufkochen, Linsen beigeben, offen ca. 15 Min. knapp weich kochen, abspülen, abtropfen.
15 g 200 g 1 1 200 g	**getrocknete Steinpilze** **Rüebli** **Zwiebel** **Knoblauchzehe** **Stangensellerie**	Pilze in eine kleine Schüssel geben, mit kaltem Wasser bedecken, ca. 15 Min. einweichen. Rüebli, Zwiebel und Knoblauch schälen. Rüebli und Stangensellerie in Würfeli schneiden. Pilze abspülen, abtropfen, trocken tupfen, fein hacken. Zwiebel und Knoblauch fein hacken.
1 EL 2 EL 2 dl 2 dl 1 Dose 2 1	**Olivenöl** **Tomatenpüree** **veganer Rotwein** oder Wasser **Gemüsebouillon** **gehackte Tomaten** (ca. 400 g) **Zweiglein Thymian** **Lorbeerblatt** **Salz, Pfeffer,** nach Bedarf	Öl in einer Pfanne warm werden lassen. Zwiebel, Knoblauch, Rüebli, Stangensellerie und Pilze ca. 5 Min. andämpfen. Tomatenpüree kurz mitdämpfen, Wein dazugiessen, etwas einkochen. Bouillon, Tomaten, Thymian und Lorbeer beigeben, aufkochen. Hitze reduzieren, zugedeckt ca. 20 Min. köcheln. Linsen daruntermischen, offen ca. 10 Min. mitköcheln, würzen.

Dazu passen: Teigwaren, veganer Reibkäse.

Portion (¼): 261 kcal, F 4 g, Kh 31 g, E 16 g

Penne mit Broccolisauce

30 Min. vegetarisch

500 g	**Broccoli**	Broccoli in Röschen schneiden. Zwiebel schälen, halbieren, in feine Streifen schneiden. Peperoncino entkernen, in Ringe schneiden.
1	**Zwiebel**	
1	**roter Peperoncino**	
400 g	**Teigwaren** (z. B. Penne)	Teigwaren mit dem Broccoli im siedenden Salzwasser al dente kochen, ca. 3 dl Kochwasser beiseite stellen, Teigwaren und Broccoli abtropfen.
	Salzwasser, siedend	
1 EL	**Olivenöl**	Öl in derselben Pfanne warm werden lassen. Zwiebel und Peperoncino ca. 2 Min. andämpfen. Beiseite gestelltes Kochwasser und Käse beigeben, aufkochen. Teigwaren und Broccoli wieder beigeben, heiss werden lassen. Mandeln grob hacken, mit dem Mozzarella unter die Teigwaren mischen, würzen.
80 g	**geriebener Parmesan**	
40 g	**Mandeln**	
150 g	**Mini-Mozzarella**	
	Salz, Pfeffer, nach Bedarf	

Portion (¼): 658 kcal, F 22 g, Kh 78 g, E 33 g

SCHNELL UND *sämig*

Mit Weich- und Frischkäse zauberst du im Handumdrehen leckere, sämige Pastasaucen! 2–3 dl Koch-wasser der Teigwaren mit dem Käse verrühren, aufkochen, kurz ein-köcheln, mit Salz und Pfeffer abschmecken.

Blauschimmelkäse

Macht deine Sauce würzig und interessant. Wenn du Blau-schimmelkäse nicht magst, wähle eine der Alternativen rechts.

Frischkäse mit Meerrettich
Ziegenkäse
Taleggio
Frischkäse mit Kräutern ...
... oder Pfeffer

Rezept →

Pasta mit Gorgonzolasauce

30 Min. vegetarisch

350 g	**Teigwaren** (z. B. Spiralen) **Salzwasser,** siedend	Teigwaren im siedenden Salzwasser al dente kochen, ca. 2½ dl Kochwasser beiseite stellen, Teigwaren abtropfen.
1 1 EL 2½ dl 200 g 3 80 g	**Zwiebel** **Butter** **Halbrahm** **Gorgonzola** **Salz, Pfeffer,** nach Bedarf **Zweiglein glatt-** **blättrige Petersilie** **Baumnusskerne**	Zwiebel schälen, fein hacken. Butter in derselben Pfanne warm werden lassen. Zwiebel andämpfen. Rahm mit dem beiseite gestellten Kochwasser dazugiessen. Käse in Stücke schneiden, mit den Teigwaren beigeben, heiss werden lassen, bis der Käse geschmolzen ist, würzen. Petersilie fein schneiden, Baumnusskerne grob hacken, darüberstreuen.

Dazu passt: Blattsalat.

Portion (¼): 843 kcal, F 52 g, Kh 64 g, E 27 g

Taglierini al salmone

30 Min.

350 g	**Teigwaren** (z. B. feine Nüdeli) **Salzwasser,** siedend	Teigwaren im siedenden Salzwasser al dente kochen, ca. 3 dl Kochwasser beiseite stellen, Teigwaren abtropfen.
1 **1 EL** **2 EL** **2 dl** **125 g** **1** **2 EL**	**Schalotte** **Butter** **trockener weisser Vermouth** (z. B. Noilly Prat) **Saucen-Halbrahm** **Frischkäse mit Meerrettich** **Bio-Zitrone** **Kapern**	Schalotte schälen, fein hacken. Butter in derselben Pfanne warm werden lassen. Schalotte andämpfen, Vermouth beigeben. Saucen-Halbrahm mit dem beiseite gestellten Kochwasser dazugiessen, aufkochen. Hitze reduzieren, ca. 5 Min. köcheln. Frischkäse darunterrühren, von der Zitrone die Schale dazureiben, 1 EL Saft dazupressen. Kapern abtropfen, mit den Teigwaren beigeben, heiss werden lassen, anrichten.
½ Bund **100 g**	**Dill** **geräucherter Lachs in Tranchen**	Dill grob schneiden, Lachs in Stücke zupfen, beides auf den Teigwaren verteilen.

Dazu passt: Blattsalat.

Portion (¼): 631 kcal, F 32 g, Kh 63 g, E 22 g

Ein edles, herrlich cremiges Gericht mit Lachs und würziger Meerrettichnote.

Pasta Alfredo mit Crevetten

45 Min.

350 g	**Teigwaren** (z. B. Fettuccine) **Salzwasser,** siedend	Teigwaren im siedenden Salzwasser al dente kochen, ca. 2½ dl Kochwasser beiseite stellen, Teigwaren abtropfen.
	Öl zum Braten	Wenig Öl in einer beschichteten Bratpfanne heiss werden lassen. Crevetten portionenweise je ca. 1 Min. anbraten. Knoblauch dazupressen, ca. 1 Min. mitbraten. Herausnehmen, Paprika darüberstäuben, salzen.
400 g	**geschälte rohe Crevettenschwänze** (Bio)	
2	**Knoblauchzehen**	
1 TL	**Edelsüss-Paprika**	
½ TL	**Salz**	
150 g	**Bratspeck in Tranchen**	Speck in Streifen schneiden, in derselben Pfanne ca. 3 Min. knusprig braten. Vermouth mit dem beiseite gestellten Kochwasser dazugiessen, etwas einkochen. Rahm dazugiessen, ca. 5 Min. köcheln. Petersilie grob schneiden, mit dem Käse und dem Paprika beigeben, mischen. Crevetten unter die Sauce mischen, nur noch heiss werden lassen, würzen, mit den Teigwaren anrichten.
3 EL	**trockener weisser Vermouth** (z. B. Noilly Prat)	
2½ dl	**Vollrahm**	
½ Bund	**glattblättrige Petersilie**	
50 g	**geriebener Parmesan**	
1 TL	**Edelsüss-Paprika**	
	Salz, Pfeffer, nach Bedarf	

Dazu passt: geriebener Käse.

Portion (¼): 814 kcal, F 43 g, Kh 62 g, E 41 g

WIR SIND *robust*

Uns kannst du mitkochen, ja, sogar mitschmoren! Unser Aroma entfaltet sich so optimal. Vor dem Servieren kannst du gern noch etwas frisch von uns über dein Gericht streuen, das schmeichelt dem Auge.

Estragon
Oregano
Salbei
Majoran
Petersilie

Gnocchi an Limetten-Zucchinisauce

30 Min. vegetarisch schlank

500 g	**Zucchini**	Zucchini in ca. 2 cm grosse Stücke schneiden. Zwiebel und Knoblauch schälen, beides fein hacken.
1	**Zwiebel**	
1	**Knoblauchzehe**	
	Öl zum Braten	2 EL Öl in einer beschichteten Bratpfanne heiss werden lassen. Gnocchi ca. 5 Min. braten, herausnehmen, beiseite stellen. Wenig Öl in dieselbe Pfanne geben. Zucchini ca. 5 Min. rührbraten. Zwiebel und Knoblauch ca. 1 Min. mitbraten, würzen, herausnehmen.
550 g	**Gnocchi** (z. B. Gnocchi di patate)	
½ TL	**Salz**	
wenig	**Pfeffer**	
2 dl	**Wasser**	Wasser und sauren Halbrahm in dieselbe Pfanne giessen, aufkochen. Hitze reduzieren, Kurkuma beigeben, würzen, ca. 5 Min. köcheln. Limette heiss abspülen, trocken tupfen, die Hälfte der Schale dazureiben und 1 EL Saft dazupressen. Die beiseite gestellten Gnocchi und Zucchini wieder beigeben, heiss werden lassen. Pfefferminze fein schneiden, mit dem Käse darüberstreuen.
200 g	**saurer Halbrahm**	
½ TL	**Kurkuma**	
¼ TL	**Salz**	
wenig	**Pfeffer**	
1	**Limette**	
3	**Zweiglein Pfefferminze**	
4 EL	**geriebener Sbrinz**	

Portion (¼): 350 kcal, F 14 g, Kh 43 g, E 10 g

Kleines Extra gefällig?

Schneide wenig Bündnerfleisch oder Rohschinken in feine Streifen und garniere die Gnocchi nach dem Anrichten damit.

Pasta mit Kürbissauce

30 Min. + 20 Min. backen | **vegan** | **laktosefrei**

500 g	**Kürbis** (z. B. Butternut) **1 Knoblauchzehe** **2 Zweiglein Thymian** **2 EL Olivenöl** **½ TL Salz** **wenig Pfeffer** **2 Tomaten**	Ofen auf 220 Grad vorheizen. Kürbis schälen, in ca. 2 cm grosse Würfel schneiden, in eine Schüssel geben. Knoblauch schälen, in Scheibchen schneiden, Thymianblättchen abzupfen, beides mit dem Öl daruntermischen, würzen. Kürbis auf einem mit Backpapier belegten Blech verteilen. Tomaten in Scheiben schneiden, darauflegen.
		Backen: ca. 20 Min. in der Mitte des Ofens.
30 g **350 g**	**Kürbiskerne** **Teigwaren** (z. B. Fusilli) **Salzwasser,** siedend	Kürbiskerne in einer Bratpfanne ohne Fett rösten. Herausnehmen, grob hacken, beiseite stellen. Teigwaren im siedenden Wasser al dente kochen, ca. 2 dl Kochwasser beiseite stellen, Teigwaren abtropfen, zurück in die Pfanne geben.
½ TL	**Zimt** **Salz, Pfeffer,** nach Bedarf	Kürbis aus dem Ofen nehmen, die Hälfte davon mit den Tomaten und dem beiseite gestellten Kochwasser und dem Zimt pürieren. Kürbispüree mit dem restlichen Kürbis zu den Teigwaren geben, mischen, heiss werden lassen, würzen. Kürbiskerne darüberstreuen.

Portion (¼): 444 kcal, F 11 g, Kh 70 g, E 14 g

Der Kürbis wird im Ofen gebacken, so wird die Sauce besonders intensiv-aromatisch.

Müscheli mit Tomaten-Peperoni-Sauce aus dem Ofen

20 Min. + 30 Min. backen vegetarisch

3	**rote Peperoni**	Ofen auf 220 Grad vorheizen. Peperoni entkernen, in ca. 1½ cm grosse Stücke schneiden. Tomaten in Scheiben schneiden, beides auf einem mit Backpapier belegten Blech verteilen. Cherry-Tomaten darauflegen, Öl darüberträufeln. Puderzucker darüberstäuben, würzen.
500 g	**Tomaten**	
250 g	**Cherry-Tomaten**	
2 EL	**Olivenöl**	
2 TL	**Puderzucker**	
1 TL	**Salz**	
wenig	**Pfeffer**	
		Backen: ca. 30 Min. in der Mitte des Ofens. Gemüse dabei zweimal mischen.
350 g	**Teigwaren** (z. B. Müscheli) **Salzwasser,** siedend	Teigwaren im siedenden Salzwasser al dente kochen, ca. 1 dl Kochwasser beiseite stellen, Teigwaren abtropfen.
2½ dl	**Vollrahm**	Rahm mit dem beiseite gestellten Kochwasser in dieselbe Pfanne giessen, aufkochen. Gemüse aus dem Ofen nehmen, mit der Hälfte des Käses in die Rahmsauce geben. Teigwaren daruntermischen, anrichten. Basilikumblätter abzupfen, darauf verteilen. Restlichen Käse dazu servieren.
130 g	**geriebener Sbrinz**	
1 Bund	**Basilikum**	

Portion (¼): 793 kcal, F 42 g, Kh 75 g, E 25 g

Aromatisch: Das Gemüse wird im Ofen geröstet!

Penne alle cinque Pi

25 Min. vegetarisch

350 g	**Teigwaren** (z. B. Penne) **Salzwasser,** siedend	Teigwaren im siedenden Salzwasser al dente kochen, ca. 2 dl Kochwasser beiseite stellen, Teigwaren abtropfen.
2 dl 2 dl ½ TL ½ TL	**Vollrahm** **Saucen-Halbrahm** **Salz** **Pfeffer**	Rahm und Saucen-Halbrahm mit dem beiseite gestellten Kochwasser in dieselbe Pfanne giessen, aufkochen, würzen. Hitze reduzieren, ca. 3 Min. köcheln.
3 EL 80 g 1 Bund	**Tomatenpüree** **geriebener Parmesan** **glattblättrige Petersilie**	Tomatenpüree und die Hälfte des Käses in die Pfanne geben. Unter gelegentlichem Rühren ca. 2 Min. weiterköcheln. Petersilie fein schneiden, mit den Teigwaren in die Sauce geben, aufkochen, anrichten. Restlichen Käse dazu servieren.

Portion (¼): 688 kcal, F 36 g, Kh 68 g, E 20 g

Hinweis und Tipp

Hinweis: «Alle cinque Pi» bezieht sich auf die fünf Zutaten der Sauce: panna (Rahm), pepe (Pfeffer), purea di pomodoro (Tomatenpüree), prezzemolo (Petersilie) und parmigiano (Parmesan).
Tipp: Verfeinere die Sauce mit 1 EL Wodka.

Betty
Family

Orecchiette all'arrabbiata mit Chorizo

30 Min.

1 1	**Zwiebel** **roter Peperoncino**	Zwiebel schälen, fein hacken. Peperoncino entkernen, in feine Streifen schneiden.
1 EL 2 2 EL 1 Dose 1 TL ½ TL 1 dl	**Olivenöl** **Knoblauchzehen** **Tomatenpüree** **gehackte Tomaten** (ca. 800 g) **Zucker** **Salz** **Wasser**	Öl in einer Pfanne warm werden lassen. Zwiebel und Peperoncino andämpfen, Knoblauch dazupressen. Tomatenpüree kurz mitdämpfen. Tomaten, Zucker und Salz beigeben, Wasser dazugiessen, zugedeckt ca. 15 Min. köcheln.
350 g	**Teigwaren** (z. B. Orecchiette) **Salzwasser,** siedend	Teigwaren im siedenden Salzwasser al dente kochen, abtropfen.
1 150 g ½ Bund ½ Bund	**Chorizo** (ca. 200 g) **Mozzarella** **glattblättrige Petersilie** **Oregano**	Chorizo schälen, in ca. 5 mm dicke Scheiben schneiden. Mozzarella grob reiben. Petersilie und Oregano grob schneiden. Alles mit den Teigwaren unter die Sauce mischen, heiss werden lassen.

Dazu passt: geriebener Käse.

Portion (¼): 678 kcal, F 24 g, Kh 79 g, E 34 g

Wir haben den Klassiker mit rassigem Chorizo aufgepeppt, du kannst ihn aber einfach weglassen.

SPAGHETTI Carbonara

Alle lieben sie! Und über sie lässt sich trefflich streiten: Kommt jetzt Rahm in die Sauce oder nicht? Ist die Originalversion mit Speck oder Pancetta? Wir lieben sie mit sämigem Rahm, aber du kannst auch nur rohe Eier oder Eigelbe verwenden. Speck oder Pancetta? Nimm einfach, was du lieber hast. Und ganz wichtig: Nicht streiten, einfach geniessen!

Carbonara mit Rahm

Carbonara puristisch, nur mit Ei

Verwenden statt verschwenden

Wenn wir bei Betty Bossi Carbonara nur mit Ei machen, dann verwenden wir ganze frische Eier, damit es keine Resten gibt.

Rezept →

Spaghetti Carbonara

30 Min.

400 g	**Spaghetti** **Salzwasser,** siedend	Spaghetti im siedenden Salzwasser al dente kochen, ca. 1 dl Kochwasser beiseite stellen (siehe Tipps), Spaghetti abtropfen.
1 **150 g**	**Zwiebel** **Bratspeck in Tranchen**	Zwiebel schälen, fein hacken. Speck in feine Streifen schneiden, in einer beschichteten Bratpfanne ohne Fett knusprig braten. Herausnehmen, beiseite stellen, Hitze reduzieren. Zwiebel in derselben Pfanne ca. 3 Min. andämpfen.
3 dl **4** **100 g** **wenig** **¼ TL** **wenig**	**Rahm** **frische Eier** **geriebener Parmesan** **Muskat** **Salz** **Pfeffer**	Spaghetti und Speck wieder beigeben, heiss werden lassen. Pfanne von der Platte nehmen. Rahm, Eier und Käse gut verrühren, würzen, über die Spaghetti giessen, mit zwei Gabeln sorgfältig mischen, nur noch heiss werden lassen (die Eier sollen nicht gerinnen), sofort servieren.

Dazu passt: geriebener Parmesan.

Portion (¼): 931 kcal, F 54 g, Kh 76 g, E 35 g

Tipps

Unbedingt etwas Kochwasser beiseite stellen.
Falls die Sauce zu dick ist, kannst du sie mit wenig Kochwasser verdünnen.
Statt Bratspeck kannst du auch Pancetta verwenden.

Rüebli-Erbsli-Pasta

30 Min. vegetarisch schlank

300 g	**Rüebli**	Rüebli schälen, in ca. 5 mm dicke Scheiben schneiden. Zwiebel und Knoblauch schälen, fein reiben.
1	**Zwiebel**	
1	**Knoblauchzehe**	
350 g	**Teigwaren** (z. B. Farfalle)	Teigwaren und Rüebli im siedenden Salzwasser al dente kochen, ca. 3 dl Kochwasser beiseite stellen, Teigwaren und Rüebli abtropfen.
	Salzwasser, siedend	
1 EL	**Olivenöl**	Öl in derselben Pfanne warm werden lassen. Zwiebel und Knoblauch andämpfen, Erbsli kurz mitdämpfen. Beiseite gestelltes Kochwasser dazugiessen, aufkochen. Hitze reduzieren, ca. 3 Min. kochen. Frischkäse darunterrühren, würzen. Teigwaren und Rüebli daruntermischen, heiss werden lassen. Schnittlauch grob schneiden, darüberstreuen.
200 g	**tiefgekühlte Erbsli,** angetaut	
200 g	**Doppelrahm-Frischkäse**	
1 Msp.	**Muskat**	
¼ TL	**Salz**	
wenig	**Pfeffer**	
1 Bund	**Schnittlauch**	

Dazu passt: Reibkäse.

Portion (¼): 542 kcal, F 17 g, Kh 77 g, E 18 g

Betty
Family

Mediterrane Hackfleischsauce

20 Min. + 1 Std. schmoren — laktosefrei

1 **Zwiebel** 1 **Knoblauchzehe** 1 **Aubergine** 200 g **Stangensellerie**	Zwiebel und Knoblauch schälen, fein hacken. Aubergine in ca. 1½ cm grosse Würfel schneiden. Stangensellerie in Würfeli schneiden.
Öl zum Braten 800 g **Hackfleisch** (Rind und Schwein) 1 TL **Salz** wenig **Pfeffer**	Wenig Öl im Brattopf heiss werden lassen. Hackfleisch portionenweise je ca. 4 Min. anbraten. Herausnehmen, würzen. Hitze reduzieren, wenig Öl in dieselbe Pfanne geben.
2 EL **Tomatenpüree** 2 dl **Weisswein** 5 dl **Fleischbouillon** 3 **Zweiglein Thymian** 1 **Lorbeerblatt**	Zwiebel, Knoblauch, Aubergine und Stangensellerie andämpfen. Tomatenpüree kurz mitdämpfen. Wein dazugiessen, fast vollständig einkochen. Bouillon dazugiessen, Thymian und Lorbeer beigeben, aufkochen. Hitze reduzieren, Fleisch wieder beigeben, zugedeckt bei kleiner Hitze ca. 45 Min. schmoren.
3 EL **Kapern** 80 g **entsteinte grüne Oliven** 3 EL **dunkle Sultaninen** 2 EL **Akazienhonig** 1 **Bio-Orange** **Salz, Pfeffer,** nach Bedarf 3 **Zweiglein Oregano**	Kapern abtropfen, Oliven halbieren, beides mit den Sultaninen und dem Honig beigeben, ca. 15 Min. fertig schmoren. Von der Orange die Schale abschälen, in feine Streifen schneiden, beigeben. Von einer Hälfte der Orange den Saft auspressen, beigeben, würzen. Oregano grob schneiden, darüberstreuen.

Dazu passen: Teigwaren (z. B. Mafaldine) und geriebener Käse.

Portion (¼): 556 kcal, F 32 g, Kh 24 g, E 41 g

Mmh, süditalienische
Aromen, vereint
mit Hackfleisch!

TOMATENSAUCE

Die Schnellste

Fix wie nix!

Gib 1 Dose gehackte Tomaten (ca. 400 g), 2 EL Olivenöl, Salz und Pfeffer in eine Pfanne und lass alles ca. 5 Min. köcheln. Deko: frisches Basilikum und einige halbierte Cherry-Tomaten.

Mit nur 4 Zutaten

Die Beste

Mit feinem Aromaöl

Sugo deluxe

Schneide viele Tomaten in Stücke und lass sie mit Salz, Pfeffer und frischen Kräutern im Brattopf zugedeckt ca. 4 Std. schmoren. Die Sauce wird intensiv und dunkel. Erst am Schluss wird der Sugo mit Aromaöl abgerundet.

Rezept →

Sugo deluxe

15 Min. + 4 Std. schmoren | vegan | laktosefrei | glutenfrei

1½ kg	**Tomaten**	Tomaten in Stücke schneiden, im Brattopf unter Rühren aufkochen, würzen. Hitze reduzieren, zugedeckt unter gelegentlichem Rühren bei kleiner Hitze ca. 3 Std. schmoren. Deckel entfernen, offen ca. 1 Std. weiterschmoren, bis die Sauce die gewünschte Konsistenz hat.
1 TL	**Salz**	
wenig	**Pfeffer**	
½ dl	**Olivenöl**	Öl in einer kleinen Pfanne warm werden lassen. Knoblauch dazupressen, Thymian und Rosmarin beigeben, ca. 5 Min. dämpfen. Kräuter entfernen. Öl unter den Sugo mischen.
2	**Knoblauchzehen**	
5	**Zweiglein Thymian**	
2	**Zweiglein Rosmarin**	

Dazu passen: Teigwaren, Kartoffelstock.

Portion (¼): 182 kcal, F 12 g, Kh 12 g, E 3 g

Tipps

- Wenn du deinen Sugo rassig möchtest, kannst du das Aromaöl auch mit einem roten Peperoncino, entkernt, fein gehackt, anreichern.
- Es lohnt sich, den Sugo gleich in doppelter Menge zuzubereiten, du kannst ihn nämlich prima tiefkühlen. Haltbarkeit: ca. 3 Monate.

Pasta an Spinat-Bohnen-Sauce

30 Min. vegetarisch

350 g	**Teigwaren** (z. B. Penne lisce) **Salzwasser,** siedend	Teigwaren im siedenden Salzwasser al dente kochen, ca. 2 dl Kochwasser beiseite stellen, Teigwaren abtropfen.
2 **50 g** **1 Dose**	**Bundzwiebeln mit dem Grün** **getrocknete Tomaten in Öl** **weisse Bohnen** (ca. 400 g)	Bundzwiebeln in Ringe schneiden, wenig Grün beiseite stellen. Tomaten abtropfen, in Streifen schneiden. Bohnen abspülen, abtropfen.
1 EL **1** **2 dl** **150 g** **1** **¼ TL** **1 TL**	**Olivenöl** **Knoblauchzehe** **Saucen-Halbrahm** **Jungspinat** **Bio-Zitrone** **Salz** **Chiliflocken**	Öl in derselben Pfanne warm werden lassen. Bundzwiebeln und Tomaten ca. 2 Min. andämpfen, Knoblauch dazupressen. Saucen-Halbrahm mit dem beiseite gestellten Kochwasser dazugiessen, aufkochen. Bohnen beigeben, Hitze reduzieren, ca. 3 Min. köcheln. Spinat beigeben, zusammenfallen lassen. Von der Zitrone die Hälfte der Schale dazureiben und 2 EL Saft auspressen, beigeben. Teigwaren unter die Sauce mischen, heiss werden lassen, salzen. Chiliflocken und beiseite gestelltes Bundzwiebelgrün darüberstreuen.

Dazu passt: geriebener Käse.

Portion (¼): 579 kcal, F 18 g, Kh 80 g, E 18 g

Trofie an Pesto-Rahmsauce

30 Min. vegetarisch

30 g	**Rucola**	Rucola und Basilikum grob schneiden, Knoblauch schälen, halbieren, alles mit den Pinienkernen in den Cutter oder in ein Mixglas geben. Die Hälfte des Öls dazugiessen, zusammen pürieren. Von der Zitrone die Hälfte der Schale dazureiben und 1 EL Saft dazupressen. Restliches Öl unter Rühren nach und nach dazugiessen, Käse daruntermischen, würzen.
1 Bund	**Basilikum**	
1	**Knoblauchzehe**	
3 EL	**Pinienkerne**	
1 dl	**Olivenöl**	
1	**Bio-Zitrone**	
80 g	**geriebener Parmesan**	
½ TL	**Salz**	
wenig	**Pfeffer**	
350 g	**Teigwaren** (z. B. Trofie)	Teigwaren im siedenden Salzwasser al dente kochen, ca. 1 dl Kochwasser beiseite stellen, Teigwaren abtropfen.
	Salzwasser, siedend	
2 dl	**Saucen-Halbrahm**	Saucen-Halbrahm mit dem beiseite gestellten Kochwasser in dieselbe Pfanne giessen. Die Hälfte des Pestos beigeben, unter Rühren heiss werden lassen. Teigwaren wieder beigeben, heiss werden lassen, würzen. Restliches Pesto dazu servieren.
	Salz, Pfeffer, nach Bedarf	

Portion (¼)**:** 755 kcal, F 44 g, Kh 67 g, E 21 g

Tipp

Falls du das restliche Pesto nicht dazu servierst, Resten mit Öl bedecken, gut verschliessen und im Kühlschrank aufbewahren. Haltbarkeit: ca. 5 Tage.

DER TRICK FÜR Pasta-saucen

Tipp

Sei nicht zu zaghaft beim Salzen des Kochwassers! Faustregel: ½ EL pro Liter.

Pasta-Kochwasser

Die Stärke der Teigwaren im Kochwasser verleiht deiner Pastasauce eine schöne Bindung. Koch die Pasta nur ganz knapp al dente und stell vor dem Abgiessen der Pasta 2–3 dl beiseite.

Die Sauce

Giess das Kochwasser zur Sauce, gib die abgetropfte Pasta bei und lass sie in der Sauce perfekt al dente köcheln. So verbinden sich die Teigwaren herrlich mit der Sauce!

Rezept →

Pasta mit Peperonisauce und Feta

30 Min. vegetarisch

1	**rote Zwiebel**	Zwiebel schälen, fein hacken. Peperoni entkernen, in feine Streifen schneiden. Peperoni aus dem Glas abtropfen, dabei 3 El Öl auffangen. Peperoni in ca. 2 cm grosse Stücke schneiden. Käse in Stücke brechen.
1	**rote Peperoni**	
1 Glas	**grillierte Peperoni in Öl** (ca. 290 g)	
200 g	**Feta**	
350 g	**Teigwaren** (z. B. Müscheli)	Teigwaren im siedenden Salzwasser al dente kochen, ca. 3½ dl Kochwasser beiseite stellen, Teigwaren abtropfen.
	Salzwasser, siedend	
3 TL	**Edelsüss-Paprika**	Aufgefangenes Öl der Peperoni in derselben Pfanne warm werden lassen. Zwiebel und Peperoni ca. 3 Min. andämpfen, grillierte Peperoni ca. 2 Min. mitdämpfen. Paprika beigeben, salzen. Rahm mit dem beiseite gestellten Kochwasser dazugiessen, aufkochen. Hitze reduzieren, Teigwaren und die Hälfte des Käses beigeben, ca. 2 Min. mitköcheln. Oliven halbieren, Basilikum grob schneiden, mit dem restlichen Käse darüberstreuen.
½ TL	**Salz**	
2½ dl	**Vollrahm**	
50 g	**entsteinte schwarze Oliven**	
½ Bund	**Basilikum**	

Dazu passt: Salat.

Portion (¼): 737 kcal, F 40 g, Kh 68 g, E 23 g

So geht Pastagenuss: schnell, einfach und von allen geliebt!

Meatballs in Tomatensauce

35 Min. glutenfrei

- **50 g** **ungesalzene geschälte Pistazien**
- **600 g** **Hackfleisch** (Rind und Schwein)
- **1** **Ei**
- **1 TL** **Edelsüss-Paprika**
- **¾ TL** **Salz**
- **1** **Bundzwiebel mit dem Grün**
- **1** **Knoblauchzehe**
- **3** **Zweiglein Basilikum**

Ofen auf 60 Grad vorheizen, Platte und Teller vorwärmen. Pistazien in einer Bratpfanne ohne Fett rösten, herausnehmen, grob hacken. Die Hälfte davon beiseite stellen. Hackfleisch, Ei, Paprika und Salz mit den restlichen Pistazien in eine Schüssel geben. Bundzwiebel fein hacken, wenig Grün in Ringe schneiden, beiseite legen, Rest beigeben. Knoblauch dazupressen. Basilikum fein schneiden, daruntermischen. Von Hand gut kneten, bis sich die Zutaten zu einer kompakten Masse verbinden. Masse mit nassen Händen zu 20 Bällchen formen.

- **Öl** zum Braten

Wenig Öl in einer Bratpfanne heiss werden lassen. Hitze reduzieren, Bällchen portionenweise rundum bei mittlerer Hitze je ca. 8 Min. braten. Herausnehmen, warm stellen. Hitze reduzieren.

- **1 Dose** **Cherry-Tomaten** (ca. 400 g)
- **500 g** **Cherry-Tomaten**
- **1 EL** **Aceto balsamico bianco**
- **2 EL** **Wasser**
- **¼ TL** **Zucker**
- **¼ TL** **Salz**
- **wenig** **Pfeffer**
- **100 g** **Mascarpone**
- **3** **Zweiglein Basilikum**

Dosentomaten in dieselbe Pfanne giessen. Cherry-Tomaten halbieren, mit Aceto, Wasser und Zucker beigeben, würzen, zugedeckt ca. 10 Min. köcheln. Mascarpone darunterrühren, Hackbällchen mit dem entstandenen Fleischsaft wieder beigeben, heiss werden lassen. Basilikumblätter abzupfen, mit den beiseite gestellten Pistazien und dem Bundzwiebelgrün darüberstreuen.

Tipp: Statt Mascarpone Masgonzola (Schichtkäse aus Mascarpone und Gorgonzola) verwenden.

Dazu passen: Teigwaren (z. B. Rigatoni).

Portion (¼): 582 kcal, F 42 g, Kh 13 g, E 37 g

Betty
Family

Pasta mit Baumnusssauce

30 Min. vegetarisch

1 1	**Zwiebel** **Knoblauchzehe**	Zwiebel und Knoblauch schälen, beides fein hacken.
400 g	**Teigwaren** (z. B. Tagliatelle) **Salzwasser,** siedend	Teigwaren im siedenden Salzwasser al dente kochen, ca. 2 dl Kochwasser beiseite stellen, Teigwaren abtropfen.
1 EL 200 g 2½ dl 1 dl 1 Msp. ¼ TL wenig 150 g 3 EL	**Butter** **tiefgekühlte Erbsli,** angetaut **Milch** **Vollrahm** **Muskat** **Salz** **Pfeffer** **Doppelrahm-Frischkäse** (z. B. Boursin mit Kräutern) **geriebener Sbrinz**	Butter in derselben Pfanne warm werden lassen. Zwiebel, Knoblauch und Erbsli andämpfen. Milch und Rahm mit dem beiseite gestellten Kochwasser dazugiessen, würzen, aufkochen. Hitze reduzieren, ca. 2 Min. köcheln. Frischkäse und Reibkäse beigeben, verrühren. Teigwaren wieder beigeben, heiss werden lassen.
50 g ½ Bund	**Baumnusskerne** **Petersilie**	Baumnusskerne grob hacken, Petersilie fein schneiden, beides darüberstreuen.

Portion (¼): 828 kcal, F 42 g, Kh 85 g, E 25 g

Poulet-Spinat-Sauce

30 Min. schlank glutenfrei

1 1 30 g	**Zwiebel** **roter Peperoncino** **Haselnüsse**	Zwiebel schälen, fein hacken. Peperoncino entkernen, fein hacken. Nüsse grob hacken, in einer Bratpfanne ohne Fett rösten, herausnehmen, beiseite stellen.
 600 g ½ TL	**Öl** zum Braten **Hackfleisch** (Poulet) **Salz**	Wenig Öl in derselben Pfanne heiss werden lassen. Hackfleisch portionenweise je ca. 4 Min. anbraten. Herausnehmen, salzen. Hitze reduzieren, wenig Öl in dieselbe Pfanne geben.
1 1 EL 1 Dose ½ TL 2½ dl 150 g	**Knoblauchzehe** **Tomatenpüree** **Pelati** (ca. 400 g) **Salz** **Vollrahm** **Jungspinat**	Zwiebel und Peperoncino andämpfen, Knoblauch dazupressen, Tomatenpüree kurz mitdämpfen. Tomaten beigeben, salzen. Rahm dazugiessen, aufkochen. Hitze reduzieren, Fleisch wieder beigeben, ca. 10 Min. köcheln. Spinat in die Sauce geben, zusammenfallen lassen. Beiseite gelegte Nüsse darüberstreuen.

Dazu passen: Teigwaren (z. B. Fusilli).

Portion (¼): 506 kcal, F 36 g, Kh 8 g, E 35 g

Ersetze das Poulet-Hackfleisch durch 460 g Délicorn-Gehacktes.

SAUCENGERICHTE

mit kalten Saucen und Dips

Mango-Salsa

25 Min. vegan laktosefrei glutenfrei

1	**rote Zwiebel**	Zwiebel schälen, fein hacken. Peperoncino entkernen, fein hacken. Mango schälen, ¼ der Mango in Würfeli schneiden, beiseite stellen. Rest in Stücke schneiden.
1	**roter Peperoncino**	
1	**Mango** (ca. 400 g)	
1 EL	**geröstetes Sesamöl**	Öl in einer Pfanne warm werden lassen. Zwiebel und Peperoncino andämpfen. Mangostücke und Wasser beigeben, zugedeckt unter gelegentlichem Rühren bei kleiner Hitze ca. 10 Min. weich kochen. Tomate entkernen, in Würfeli schneiden, mit den beiseite gestellten Mangowürfeli daruntermischen. Limette heiss abspülen, trocken tupfen, die Hälfte der Schale dazureiben, von einer Hälfte den Saft dazupressen, auskühlen. Koriander fein schneiden, beigeben, Salsa salzen.
3 EL	**Wasser**	
1	**Tomate**	
1	**Limette**	
3	**Zweiglein Koriander**	
½ TL	**Fleur de Sel**	

Portion (¼): 89 kcal, F 3 g, Kh 13 g, E 1 g

Serviere die Salsa mit Tortilla-Chips, zu gebratenen Pouletbrüstli, grillierten Plätzli oder Käse.

Ofen-Frites mit Ketchup

40 Min. + 45 Min. backen   vegetarisch

1 2 500 g	Zwiebel Knoblauchzehen Tomaten	Zwiebel schälen, grob hacken, Knoblauch schälen, halbieren. Tomaten in Stücke schneiden.
1 EL 2 EL 2 EL 1 EL 1 TL	Olivenöl Tomatenpüree Aceto balsamico bianco Akazienhonig Salz	Öl in einer Pfanne warm werden lassen. Zwiebel und Knoblauch andämpfen. Tomatenpüree kurz mitdämpfen. Aceto und Honig mit den Tomaten beigeben, aufkochen, salzen. Hitze reduzieren, zugedeckt bei kleiner Hitze ca. 30 Min. köcheln. Masse pürieren, Ketchup auskühlen.
1½ kg 2 EL 3 EL	fest kochende Kartoffeln Mehl Olivenöl	Ofen auf 200 Grad (Heissluft) vorheizen. Kartoffeln schälen, in ca. 1 cm dicke Stängel schneiden, in eine Schüssel geben. Mehl und Öl beigeben, gut mischen, auf zwei mit Backpapier belegten Blechen verteilen.
1 TL	Salz	**Backen:** ca. 45 Min. Herausnehmen, salzen, mit dem Ketchup servieren.

Portion (¼): 411 kcal, F 12 g, Kh 63 g, E 8 g

Weniger Zucker!

Der selbst gemachte Ketchup ist der Beste! Zudem enthält er viel weniger Zucker als gekaufte Produkte. Für deinen Hot Ketchup würzt du zusätzlich mit Cayenne.

Crevetten mit Sweet Chili Sauce

20 Min. laktosefrei

5	**rote Chilis**	Chilis entkernen, Knoblauch und Ingwer schälen, alles fein hacken.
2	**Knoblauchzehen**	
2 cm	**Ingwer** (ca. 20 g)	
1 EL	**geröstetes Sesamöl**	Öl in einer Pfanne warm werden lassen. Chilis, Knoblauch und Ingwer andämpfen. Zucker, Honig, Sojasauce und Chiliflocken beigeben. Wasser und Aceto dazugiessen, aufkochen. Hitze reduzieren, ca. 8 Min. köcheln. Maizena mit dem Wasser anrühren, unter Rühren beigeben, ca. 2 Min. köcheln, auskühlen.
2 EL	**grobkörniger Rohzucker**	
2 EL	**flüssiger Honig**	
1 EL	**Sojasauce**	
1 TL	**Chiliflocken**	
1 dl	**Wasser**	
1 dl	**Aceto balsamico bianco**	
2 TL	**Maizena**	
2 TL	**Wasser**	
	geröstetes Sesamöl zum Braten	Wenig Öl in einer beschichteten Bratpfanne heiss werden lassen. Crevetten portionenweise je ca. 1 Min. braten, herausnehmen, salzen. Crevetten mit der Sweet Chili Sauce servieren.
500 g	**rohe, bis auf das Schwanzende geschälte Crevettenschwänze**	
½ TL	**Fleur de Sel**	

Tipp: Diese Sauce passt auch sehr gut zu Frühlingsrollen oder zu gebratenem Reis (Fried Rice).

Portion (¼): 241 kcal, F 6 g, Kh 24 g, E 22 g

Servier-Tipp

Serviere deine Crevetten auf einem Bett von Koriander, Pfefferminze und Dill, garniere sie mit wenig abgeriebener Limettenschale und beträufle sie mit Limettensaft.

Pesto-Variationen

Gut zu wissen

Unsere neusten Tests haben gezeigt, dass sich auch Olivenöl extra vergine für dein Pesto eignet. Nimm jedoch ein mittelklassiges Olivenöl. Ein allzu hochklassiges, sehr aromatisches und unfiltriertes Öl könnte dein Pesto bitter machen.

glattblättrige Petersilie
Rucola
getrocknete Tomaten
Koriander
Baumnüsse
Pistazien
geschälte Haselnüsse

Rezept →

Caprese-Salat mit Pesto

30 Min. vegetarisch glutenfrei

2 Bund	**Basilikum**	Basilikumblätter in einen Messbecher zupfen, Knoblauch schälen, grob hacken, mit den Pinienkernen beigeben. Die Hälfte des Öls dazugiessen, pürieren. Restliches Öl und Käse darunterrühren, würzen.
2	**Knoblauchzehen**	
3 EL	**Pinienkerne**	
1½ dl	**Olivenöl**	
80 g	**geriebener Parmesan**	
½ TL	**Salz**	
wenig	**Pfeffer**	
500 g	**Tomaten**	Tomaten in Scheiben schneiden, Pfirsiche entsteinen, in Schnitze schneiden, anrichten. Mozzarella darauflegen. Etwas Pesto darauf verteilen, Basilikumblätter abzupfen, darüberstreuen. Restliches Pesto dazu servieren.
2	**Pfirsiche**	
250 g	**Mozzarella di bufala**	
3	**Zweiglein Basilikum**	

Dazu passen: Lingue di Suocera (Schwiegermutterzungen).

Portion (¼): 642 kcal, F 57 g, Kh 13 g, E 19 g

Tipps für dein Pesto

- Knoblauch gehört unbedingt in ein Pesto. Wenn du es milder magst, kannst du die Knoblauchzehen in Stücke schneiden, mit ½ TL Salz bestreuen und ca. 30 Min. ziehen lassen. Das entschärft die Knobli-Note, das typische Aroma bleibt aber erhalten.
- **Pesto auf Vorrat:** Falls du das restliche Pesto nicht dazu servierst, den Rest mit Öl bedecken, gut verschliessen und im Kühlschrank aufbewahren. Haltbarkeit: ca. 5 Tage.

Lachs-Tataki mit Ponzu-Sauce

30 Min. laktosefrei

1 dl **Sojasauce** **½ dl** **Mirin** (süsser Reiswein) oder Aceto balsamico bianco **3 EL** **gemahlener Rohzucker** **1** **Limette**		Sojasauce, Mirin und Zucker in einer kleinen Schüssel gut verrühren. Limette heiss abspülen, trocken tupfen, Schale dazureiben, 2 EL Saft dazupressen.
1 **Gurke**		Gurke teilweise schälen, in feine Scheiben hobeln, auf Teller verteilen.
1 EL **geröstetes Sesamöl** **4** **Lachsrückenfilets** (Sushi-Qualität, je ca. 150 g) **30 g** **Micro Greens** **2 TL** **heller Sesam** **2 TL** **schwarzer Sesam**		Öl in einer beschichteten Bratpfanne heiss werden lassen. Lachs beidseitig je ca. 1½ Min. anbraten, neben den Gurken anrichten, der Fisch soll im Innern noch glasig sein. Micro Greens darauf verteilen, Sesam darüberstreuen. Ponzu-Sauce darüberträufeln.

Dazu passt: Algensalat (Wakame), Sushi-Reis.

Portion (¼): 455 kcal, F 27 g, Kh 20 g, E 33 g

Verwende statt Lachs Seidentofu: In Würfel schneiden, ohne Anbraten mit der Ponzu-Sauce anrichten.

Satay mit Erdnusssauce

20 Min. + 1 Std. marinieren · laktosefrei

4	**Pouletbrüstli** (je ca. 150 g)	Pouletbrüstli längs in je 3 Streifen schneiden, etwas flach klopfen, wellenförmig an die Spiesschen stecken. Chili entkernen, fein hacken, mit Sojasauce, Öl und Limettensaft verrühren. Spiessli damit bestreichen, zugedeckt im Kühlschrank ca. 1 Std. marinieren.
12	**Holzspiesschen**	
1	**roter Chili**	
2 EL	**Sojasauce**	
1 EL	**Erdnussöl**	
1 EL	**Limettensaft**	
120 g	**gesalzene Erdnüsse**	Erdnüsse mit Kokosmilch, Sultaninen und Sojasauce pürieren, in eine Pfanne giessen, aufkochen. Hitze reduzieren, unter gelegentlichem Rühren ca. 8 Min. köcheln, bis die Sauce sämig ist, auskühlen.
5 dl	**Kokosmilch**	
5 EL	**helle Sultaninen**	
3 EL	**Sojasauce**	
	Erdnussöl zum Braten	Ofen auf 60 Grad vorheizen, Platte und Teller vorwärmen. Wenig Öl in einer beschichteten Bratpfanne heiss werden lassen. Spiessli trocken tupfen, portionenweise bei mittlerer Hitze beidseitig je ca. 3 Min. braten. Herausnehmen, salzen, warm stellen. Satay mit der Erdnusssauce servieren.
½ TL	**Salz**	

Portion (¼): 684 kcal, F 44 g, Kh 23 g, E 47 g

Tipps

Die Erdnusssauce schmeckt auch lauwarm sehr gut.
Statt Pouletstreifen Pouletwürfel braten, an Spiesschen oder Zahnstocher gesteckt mit der Erdnusssauce servieren.

Limettenschnitze
dazu servieren!

DAS PRINZIP Vinaigrette

Diese simple Essig-Öl-Sauce kannst du immer wieder neu erfinden: Experimentiere mit verschiedenen Essigsorten und Ölen, spiel mit Kräutern, mal nimmst du milde Schalotten, mal kräftigere Zwiebeln, mit oder ohne Knoblauch ... Deine Vinaigrette wird immer wieder anders und überraschend schmecken.

3 Teile Öl

z. B. Olivenöl, Baumnussöl, Rapsöl, geröstetes Sesamöl

1 Teil Essig

z. B. Rotweinessig, Weissweinessig, Apfelessig oder 1–2 EL Aceto balsamico (bianco), Reisessig

Salz

z. B. Kochsalz, Himalayasalz, Fleur de Sel

Pfeffer

z. B. schwarz, weiss, grün, rot oder Cayenne

Dazu passt Vinaigrette

Zu allen Salaten: vom Blattsalat über Tomatensalat bis hin zum Kartoffelsalat. Aus gekochten Gemüseresten zauberst du mit einer Vinaigrette im Nu einen feinen Salat. Auch Artischocken und Spargeln, Fleisch, Fisch und Crevetten lieben sie.

Rezept →

Speck-Spargeln mit Vinaigrette

20 Min. + 25 Min. backen | laktosefrei | glutenfrei

1 kg	**grüne Spargeln**	Ofen auf 220 Grad vorheizen. Von den Spargeln unteres Drittel schälen. Je ca. 3 Spargeln mit einer Tranche Speck umwickeln, auf ein mit Backpapier belegtes Blech legen. Spargeln würzen.
180 g	**Bratspeck in Tranchen**	
¼ TL	**Salz**	
wenig	**Pfeffer**	
		Backen: ca. 25 Min. in der Mitte des Ofens. Herausnehmen, anrichten.
1 EL	**grobkörniger Senf**	Senf, Essig, Öl und Honig verrühren. Zwiebel schälen, fein hacken, Schnittlauch fein schneiden, beides mit den Gemüsewürfeli beigeben, mischen, würzen. Spargeln mit der Vinaigrette beträufeln.
3 EL	**Kräuteressig**	
1½ dl	**Oliven- oder Rapsöl**	
1 EL	**flüssiger Honig**	
1	**rote Zwiebel**	
1 Bund	**Schnittlauch**	
70 g	**Brunoise-Gemüsemischung**	
½ TL	**Salz**	
wenig	**Pfeffer**	

Dazu passen: Bratkartoffeln.

Portion (¼): 578 kcal, F 52 g, Kh 14 g, E 12 g

Pouletflügeli mit Tomaten-BBQ

50 Min. + 35 Min. backen | laktosefrei | glutenfrei

1	**Zwiebel**	Zwiebel und Knoblauch schälen, fein hacken.
1	**Knoblauchzehe**	
1 EL	**Olivenöl**	Öl in einer Pfanne warm werden lassen. Zwiebel und Knoblauch andämpfen. Zucker beigeben, kurz mitdämpfen, bis der Zucker caramelisiert. Zitronensaft und Aceto beigeben, ca. 2 Min. einköcheln. Tomaten beigeben, Cola und Wasser dazugiessen, aufkochen. Hitze reduzieren, unter gelegentlichem Rühren bei kleiner Hitze ca. 30 Min. köcheln, pürieren. Sauce ca. 15 Min. fertig köcheln, würzen, auskühlen.
3 EL	**grobkörniger Rohzucker**	
2 EL	**Zitronensaft**	
4 EL	**Aceto balsamico**	
1 Dose	**gehackte Tomaten** (ca. 400 g)	
2½ dl	**Cola-Getränk**	
1 dl	**Wasser**	
1½ TL	**Edelsüss- oder geräuchertes Paprika**	
1 TL	**Salz**	
wenig	**Pfeffer**	
1 kg	**Pouletflügeli** (z. B. Ailerons)	Ofen auf 220 Grad vorheizen. Pouletflügeli in eine Schüssel geben, würzen, auf einem mit Backpapier belegten Blech verteilen.
¾ TL	**Salz**	
wenig	**Pfeffer**	
		Backen: ca. 25 Min. in der Mitte des Ofens. Herausnehmen, Pouletflügeli mit 4 EL Sauce bestreichen. **Fertig backen:** ca. 10 Min. Herausnehmen, mit der restlichen BBQ-Sauce servieren.

Portion (¼): 365 kcal, F 11 g, Kh 25 g, E 43 g

Spice it up, Baby!

Du magst es schärfer? Dann köchelst du einfach 1–2 TL Chiliflocken in der Sauce mit.

ZACK, ZACK

Tzatziki

Die erfrischende griechische Gurken-Joghurt-Sauce passt zu fast allem: Ofengemüse, Grilladen, als Dip zum Apéro … Wie du den Klassiker easy variieren kannst, siehst du rechts.

Der Gurken-Trick

Damit die Gurke deine Sauce nicht verwässert, lässt du die grob geriebene Gurke mit Salz in einem Sieb ziehen, dann drückst du die Flüssigkeit aus.

Randen-Tzatziki

Reibe 1 gekochte Rande an der Röstiraffel direkt ins Joghurt, 1 Knoblauchzehe dazupressen, etwas Meerrettich fein dazureiben, mit Salz und Pfeffer würzen.

Rüebli-Tzatziki

Reibe Rüebli an der Bircherraffel direkt ins Joghurt, 1 Knoblauchzehe dazupressen, Schale einer Bio-Zitrone fein dazureiben, mit Salz und Pfeffer würzen.

Rezept →

Falafel mit Tzatziki

20 Min. + 30 Min. ziehen lassen | vegetarisch | glutenfrei

1	**Gurke**	Gurke entkernen, fein reiben, mit dem Salz mischen, in einem Sieb ca. 30 Min. ziehen lassen. Gurke gut ausdrücken.
1 TL	**Salz**	
1	**Knoblauchzehe**	Knoblauch in eine Schüssel pressen. Sauren Halbrahm, Joghurt und Zitronensaft beigeben, verrühren. Gurke daruntermischen, würzen, anrichten. Öl darüberträufeln.
200 g	**saurer Halbrahm**	
150 g	**griechisches Joghurt nature**	
1 TL	**Zitronensaft**	
wenig	**Pfeffer**	
1 EL	**Olivenöl**	
	Öl zum Braten	Wenig Öl in einer beschichteten Bratpfanne heiss werden lassen. Falafel portionenweise rundum je ca. 6 Min. braten, mit dem Tzatziki servieren.
400 g	**Falafel** (Karma)	

Portion (¼): 523 kcal, F 23 g, Kh 47 g, E 24 g

Tzatziki passt auch zu Blechgemüse, Gschwellti, Baked Potatoes und Grilladen.

Dim Sum mit Limetten-Dip

30 Min. laktosefrei

3	**Knoblauchzehen**	Knoblauch schälen, fein hacken. Chilis entkernen, fein hacken, beides in eine kleine Schüssel geben. Von den Limetten den ganzen Saft (ca. 1½ dl) auspressen, beigeben. Zucker und Fischsauce beigeben, verrühren, weiterrühren, bis sich der Zucker aufgelöst hat.
3	**rote Chilis**	
4	**Limetten**	
4 EL	**gemahlener Rohzucker**	
4 EL	**Fischsauce**	
2 EL	**geröstetes Sesamöl**	Öl in einer beschichteten Bratpfanne warm werden lassen. Teigtaschen in die Pfanne geben, Wasser dazugiessen, zugedeckt ca. 4 Min. dämpfen. Deckel entfernen, ca. 2 Min. weiterdämpfen.
16	**Teigtaschen** (z. B. Dim Sum mit Crevetten oder Gemüse)	
½ dl	**Wasser**	
4	**Snackgurken**	Gurken längs in Scheibchen schneiden, mit den Teigtaschen auf einer Platte anrichten. Korianderblättchen abzupfen, darüberstreuen, Dip dazu servieren.
½ Bund	**Koriander**	

Portion (¼): 260 kcal, F 8 g, Kh 42 g, E 4 g

Tipp

Dieser Limetten-Dip passt auch sehr gut zu Frühlings- oder Sommerrollen.

PIMP YOUR Mayo

Eine selbst gemachte Mayonnaise ist so was von lecker! Die klassische Sauce lässt sich mit wenigen Zutaten im Nu in viele Varianten verwandeln. Noch schneller gehts, wenn du gekaufte Mayonnaise verwendest.

Das Basisrezept

1 frisches Eigelb, je 1 TL Senf und Zitronensaft verrühren. 1 dl Raps- oder Sonnenblumenöl unter ständigem Rühren anfangs tropfenweise, dann im Faden dazugiessen, bis eine dickflüssige Mayonnaise entsteht. Mit Salz und Pfeffer würzen.

Kräutersauce

1 Portion Basisrezept zubereiten. 2 Bund Kräuter deiner Wahl fein schneiden, mit der Mayo mischen.

Orangen-Senf-Sauce

1 Portion Basisrezept mit Orangensaft, grobkörnigem Senf und Rapsöl zubereiten und mit abgeriebener Orangenschale und 1 EL grobkörnigem Senf verfeinern.

Cocktailsauce

1 Portion Basisrezept zubereiten. Mayo mit wenig Cognac, 2 EL Ketchup, wenig Paprika und rotem Tabasco verfeinern.

Rezept →

Knusperli mit Tartarsauce

30 Min. + 30 Min. backen | laktosefrei

2	**frische Eigelbe**	Eigelbe, Senf und Zitronensaft in einer Schüssel mit dem Schwingbesen gut verrühren, würzen. Öl unter ständigem Rühren, anfangs tropfenweise, dann im Faden beigeben, bis eine dickflüssige Mayonnaise entsteht.
2 TL	**Senf**	
2 TL	**Zitronensaft**	
½ TL	**Salz**	
wenig	**Pfeffer**	
2 dl	**Sonnenblumenöl**	
2 EL	**Kapern**	Kapern abtropfen, mit den Essiggurken grob hacken. Ei schälen, grob hacken. Schnittlauch und Petersilie fein schneiden, alles unter die Mayonnaise mischen. Tartarsauce bis zum Servieren zugedeckt kühl stellen.
2	**Essiggurken**	
1	**hart gekochtes Ei**	
1 Bund	**Schnittlauch**	
3	**Zweiglein glattblättrige Petersilie**	
2 EL	**Mehl**	Ofen auf 200 Grad vorheizen. Mehl in einen flachen Teller geben. Eier in einem tiefen Teller verklopfen, Paniermehl und Käse in einem flachen Teller mischen. Pouletbrüstli in ca. 3 cm grosse Würfel schneiden, würzen. Poulet portionenweise im Mehl wenden, überschüssiges Mehl abschütteln, im Ei, dann im Paniermehl wenden. Panade gut andrücken. Poulet auf einem mit Backpapier belegten Blech verteilen, mit dem Öl beträufeln.
2	**Eier**	
80 g	**Paniermehl**	
40 g	**geriebener Sbrinz**	
600 g	**Pouletbrüstli**	
½ TL	**Salz**	
wenig	**Pfeffer**	
3 EL	**Olivenöl**	
		Backen: ca. 30 Min. in der Mitte des Ofens, dabei Knusperli einmal wenden. Mit der Sauce anrichten.

Portion (¼): 882 kcal, F 66 g, Kh 21 g, E 49 g

Tipps

Damit deine Mayonnaise gelingt, müssen alle Zutaten Raumtemperatur haben, sonst gerinnt sie. Kein kalt gepresstes Öl verwenden, sonst wird die Mayonnaise bitter.

Verwenden statt verschwenden: Die Eiweissresten mit Salz und Pfeffer verklopfen, in einer beschichteten Bratpfanne in wenig Öl braten, in Stücke schneiden und über einen Salat streuen.

Steaks mit Chimichurri

30 Min. laktosefrei glutenfrei

2 EL	**Rotweinessig**	Essig und Öl in einer Schüssel verrühren. Zwiebel und Knoblauch schälen, Peperoncino entkernen, alles fein hacken, beigeben. Petersilie und Thymian fein schneiden, mit dem Oregano beigeben. Von der Zitrone die Schale dazureiben, Chimichurri salzen.
1 dl	**Olivenöl**	
1	**rote Zwiebel**	
1	**Knoblauchzehe**	
1	**roter Peperoncino**	
1 Bund	**glattblättrige Petersilie**	
½ Bund	**Thymian**	
1 TL	**getrockneter Oregano**	
1	**Bio-Zitrone**	
1 TL	**Salz**	
1 EL	**Olivenöl**	Ofen auf 60 Grad vorheizen, Platte und Teller vorwärmen. Öl in einer Bratpfanne heiss werden lassen. Fleisch würzen, beidseitig je ca. 2 Min. anbraten. Hitze reduzieren, Knoblauch halbieren, mit dem Thymian beigeben. Fleisch beidseitig je ca. 3 Min. fertig braten. Herausnehmen, ca. 10 Min. warm stellen. 2 EL Chimichurri in die Pfanne geben. Fleisch wieder beigeben, mit wenig Chimichurri beträufeln, anrichten. Restliches Chimichurri dazu servieren.
4	**Schweinshals-Steaks** (je ca. 200 g)	
¾ TL	**Salz**	
wenig	**Pfeffer**	
2	**Knoblauchzehen**	
4	**Zweiglein Thymian**	

Dazu passen: Bratkartoffeln.

Portion (¼): 674 kcal, F 56 g, Kh 3 g, E 39 g

Rezept-
verzeichnis

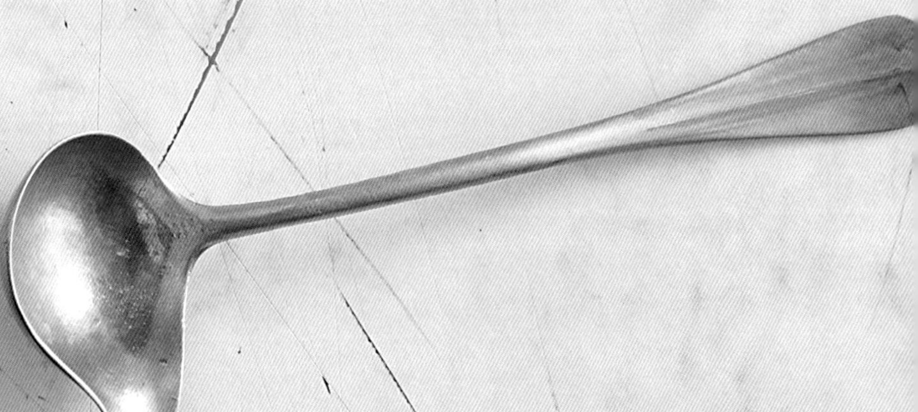

Alphabetisch

Rezeptverzeichnis

Rezeptverzeichnis

Stichwortverzeichnis

Hinweise

Alle Rezepte in diesem Buch sind, wo nicht anders vermerkt, für 4 Personen berechnet.

Massangaben
Alle in den Rezepten angegebenen Löffelmasse entsprechen dem Betty Bossi Messlöffel.

Ofentemperaturen
Gelten für das Backen mit Ober- und Unterhitze. Beim Backen mit Heissluft verringert sich die Backtemperatur um ca. 20 Grad. Beachte die Hinweise des Backofenherstellers.

Nährwertberechnung
Ist bei einer Zutat eine Alternative erwähnt, wird immer die erstgenannte Zutat berechnet. Nur wenn Alkohol in einem Rezept vollständig eingekocht wird, enthält er keine Kalorien mehr. Wird er zur Hälfte eingekocht, enthält er die Hälfte an Kalorien, ansonsten wird er voll berechnet.

Quellennachweis
Das im Buch abgebildete Geschirr und Besteck sowie die Dekorationen stammen aus Privatbesitz.

Apéro & Fingerfood

Servieren Sie Ihren Lieben zum Apéro herrliche Knabbereien, Spiessli mit Dips, Feines im Glas oder Schälchen, vielfältiges Apéro-Gebäck und überraschende Häppchen.

→ Art. 27122.998

Backen in der Weihnachtszeit

Neue Ideen für eine stimmungsvolle Adventszeit: 35 Sorten schnelle, einfache und traditionelle Guetzli, weihnachtliche Gugelhöpfe, Glühwein-Mini-Savarins, Stollen, Lebkuchen, Biberli, Birnenweggen, Grittibenzen und Dreikönigskuchen.

→ Art. 27028.998

Betty backt mit dir

Unsere 100 schönsten Backrezepten. Backen ist Achtsamkeit, Magie und Herzlichkeit. Die Geheimzutat: Liebe! Verwöhnen Sie Ihre Liebsten mit einem Glücksmoment.

→ Art. 27182.998

Betty Bossi Backbuch

Schweizer Klassiker, die jeder liebt sowie bewährte Erfolgsrezepte zu Torten und Kuchen aller Art. Dazu weitere gluschtige Rezepte und Tipps rund um den Backofen. Das beliebte Backbuch sollte in keinem Haushalt fehlen.

→ Art. 20003.998

Blitzgratin & schnelle Lasagne

Schnippeln, einfüllen, backen – geniessen. 30 neue Lieblingsrezepte für Blitzgratins, Hauptgerichte und Beilagen. Dazu superschnelle Lasagne-Rezepte für den Alltag.

→ Art. 27160.998

Brot & Brötchen

Der einfachste Weg zum perfekten Brot! Ausführliche Brotbackschule und 100 Rezepte für knuspriges Brot, duftende Brötchen, Sonntagszopf, Vollkorn- und Sauerteigbrote.

→ Art. 27118.998

Brownies & Brookies

Neue Brownies, Darkies, Whities, auch in Pink, mit Caramel und besonders feuchte Fudgy Brownies. Und erst die Brookies: Brownies mit einer knusprigen Cookie-Schicht!

→ Art. 27166.998

Cheesecakes

Die schönsten Cheesecake-Varianten: gebacken, ungebacken und im Glas – für jede Jahreszeit und jede Gelegenheit. Ein Stück Cheesecake macht einfach alle glücklich!

→ Art. 27158.998

Crème brûlée

30 Varianten Crème brûlée und Crema catalana: fruchtig, Vanille, Schokolade, Caramel ... Wow-Effekt garantiert: Caramelisieren Sie den Zucker vor Ihren Lieben am Tisch.

→ Art. 27170.998

Das grosse Betty Bossi Kochbuch

Das Basiskochbuch darf in keiner Küche fehlen. Es ist Nachschlagewerk und Inspirationsquelle für alle, vom Einsteiger bis zum Kochprofi, mit allen Grundrezepten samt Varianten, über 600 Bildern und noch mehr Tipps.

→ Art. 27018.998

Das grosse Dessertbuch

Fruchtige Cremen, luftige Mousses, schnelles Gebäck, Panna cotta: Klassiker und viele neue Inspirationen. Ein Dessert-Eldorado für alle grossen und kleinen Naschkatzen.

→ Art. 27128.998

Die beliebtesten 50 Rezepte

Die Top-50-Rezepte von Betty Bossi: Diese Lieblingsrezepte werden am meisten gesucht und gekocht: von A wie Älplermagronen bis Z wie Zopf. Glänzende Augen garantiert!

→ Art. 27136.998

Echt italienisch

Wir laden Sie ein zu einer kulinarischen Italienreise durch alle Regionen unseres südlichen Nachbarlandes. Es gibt neben heiss geliebten Traditionsrezepten auch viel Neues zu entdecken! Mediterrane Küche zum Schwelgen.

→ Art. 27068.998

Entspannt verwöhnen

Herrliche Verwöhnrezepte für Apéro, Vorspeisen, Hauptgerichte, Beilagen und Desserts: Alles lässt sich vorbereiten, Sie geniessen entspannt die Zeit mit Ihren Lieben.

→ Art. 27130.998

Früchtetraum

Smoothies, Shakes und Bowls, leichte Desserts, süsses Gebäck, Konfitüren, Gelees, Sirup und vieles mehr. Alles mit extra vielen Früchten! Ideen für alle Jahreszeiten.

→ Art. 27168.998

Fruchtig-süsse Wähen

Überraschende Kreationen: fruchtig süsse Wähen mit cremigem Guss, knusprigem Teig und vielen frischen Früchten für alle Jahreszeiten. Genuss pur.

→ Art. 27102.998

Fruchtige Tiramisu

Viele neue Tiramisu-Rezepte für jede Saison: mit farbenfrohen Früchten und feinsten Aromen, schnellen, einfachen Ideen und edlen Varianten mit Wow-Effekt.

→ Art. 27120.998

Gesund & schlank Band 1

Mit Genuss essen, satt werden und dabei erst noch gesund abnehmen. Mit feinen und ausgewogenen Rezepten zum persönlichen Wohlfühlgewicht. Zusätzliche Unterstützung bietet der hilfreiche Ratgeberteil.

→ Art. 27064.998

Gesund & schlank Band 2

Band 2 mit 320 Seiten bietet über 150 neue Rezepte zum Abnehmen mit Genuss: Frühstück, Lunch, Nachtessen und Desserts – für alle Jahreszeiten. Zusätzliche Unterstützung bietet der hilfreiche Ratgeberteil.

→ Art. 27076.998

Gesund & schlank Band 3

Gesunde Rezepte zum Abnehmen, in nur 30 Minuten servierbereit. Dank individueller Menükombination (Low-Carb, ausbalanciert oder vegetarisch) genussvoll abnehmen.

→ Art. 27092.998

Gesund & schlank Band 4

Mit unserem Menüplan spielend 3 kg in nur 3 Wochen verlieren, sich dabei satt und vital fühlen. Dazu viele neue Rezepte mit Superfoods für weiteren Gewichtsverlust.

→ Art. 27098.998

Gesund & schlank Band 5

Abnehmen mit einheimischen super Foods. 3 Menüpläne für je 2 Wochen: Low Carb, balanced, vegi, mit 6 Kurzprogrammen und Ratgeberteil für mehr Energie und Lebensfreude.

→ Art. 27108.998

Gesund & schlank Band 6

Abnehmen mit Low Carb, genussvoll, alltagstauglich und abwechslungsreich: 3-Wochen-Programm, Quick Lunches, 50 Lieblingsrezepte und praktischer Ratgeberteil.

→ Art. 27116.998

Gesund & schlank Band 7

Abnehmen im Alltag – schnell und einfach! Clevere Ideen, wie Mahlzeiten in wenigen Minuten vorbereitet sind. Dazu viele Tipps, wie Abnehmen auch mit Familie gelingt.

→ Art. 27132.998

Gesund & schlank Band 8

Gerichte mit maximal 220, 330, 440 oder 550 Kalorien, frei kombinierbar, flexibel und abgestimmt auf Ihre Bedürfnisse, ob mit zwei oder drei Mahlzeiten pro Tag.

→ Art. 27146.998

Gesund & schlank Band 9

100 neue Low-Carb-Rezepte mit Ratgeber: In nur 3 Wochen genussvoll 3 Kilo abnehmen. Mit praktischem Menüplan. Oder Sie kombinieren die Gerichte nach Lust und Laune.

→ Art. 27172.998

Gesund kochen

Gut erhältliche Zutaten und schnelle Rezepte für viel ausgewogenen Genuss, auch im hektischen Alltag. Dazu praxisorientierte Tipps für einen gesunden Familienalltag.

→ Art. 27080.998

Grill-Beilagen

Die beliebtesten Beilagen zu Grilladen: Klassische und moderne Sattmacher- und Gemüsesalate, Beilagen vom Grill und aus dem Ofen, dazu feine Dips und Saucen.

→ Art. 27152.998

Gugelhopf

Nostalgie und im Trend zugleich: Ein Gugelhopf ist Emotion und so vielseitig, süss und pikant! Sie wählen, ob grosser, mittlerer Gugelhopf oder kleine Gugelhöpfli.

→ Art. 27156.998

Gut & günstig

Die besten Rezepte fürs kleine Budget: Pasta, Schnelles aus der Pfanne und ganz entspannt aus dem Ofen. Tausendfach von Familien im Alltag erprobt und heiss geliebt.

→ Art. 27178.998

Heute kocht mein Ofen

Das Kochen im Ofen ist praktisch, schnell vorbereitet und ganz entspannt. Ob für Familie, Freunde oder Gäste. Ideen für jede Gelegenheit rund ums Jahr.

→ Art. 27112.998

Knusprig gebacken

Teige oder Brote belegen, ab in den Ofen – geniessen! 100 Ideen für pikantes Wow-Gebäck: mit einem Salat ergänzt eine schnelle und rundum heiss geliebte Mahlzeit.

→ Art. 27142.998

Knusprige Brötchen

Knusprige Brötchen einfach gemacht, für jede Gelegenheit: Brioche, Weggli, Zopfbrötli, schnelle Laugen- und Fyrabig-Brötchen, Früchte-, Pizza- und Urdinkel-Brötli.

→ Art. 27176.998

Kuchenduft

Viele neue Rezepte für alle Jahreszeiten, jede Gelegenheit und jedes Talent: wunderbare Kuchen, Cakes und Torten. Dazu inspirierende Dekorationsideen und viele Tipps und Tricks, damit Ihre Kunstwerke sicher gelingen.

→ Art. 27074.998

Lava Cakes

Lava Cakes verführen mit ihrem cremig-flüssigen Kern in vielen Varianten. Die Küchlein surprise halten eine süsse Überraschung im Innern bereit. Zum Dahinschmelzen!

→ Art. 27138.998

Lieblingsfleisch

100 neue Alltagsrezepte für die Lieblingsfleischstücke der Schweiz: Pouletbrüstli, Plätzli, Steaks, Hackfleisch und Burger, Geschnetzeltes, Pouletteile und Koteletts.

→ Art. 27148.998

Lustvoll vegetarisch

Heute kochen namhafte Köche fleischlose Gerichte auf höchstem Niveau – mit grossem Erfolg. Auch privat geniessen immer mehr Leute vegetarisch. Höchste Zeit also für ein umfangreiches Buch voller köstlicher Vegi-Ideen.

→ Art. 27072.998

Pasta

Pasta, von einfach bis luxuriös: One Pot Pasta, 60 schnelle Pastasaucen, tolle Pastagerichte, heiss Geliebtes aus dem Ofen und Pasta deluxe für Verwöhnmomente.

→ Art. 27096.998

Restenlos geniessen

355 clevere Tipps und viele feine Rezepte gegen Food Waste zu Hause. Kosten Sie ab sofort Ihre Lebensmittel restlos und genüsslich aus – bis zum letzten Krümel.

→ Art. 27110.998

Rolls & Schnecken

30 super feine Variationen für süsse Rolls mit bunten Früchten, Schokolade oder Caramel und pikante Hefeschnecken für einen Apéro oder mit einem Salat zum Znacht.

→ Art. 27164.998

Rouladen

Entdecken Sie viele neue Rezepte für fruchtige Rouladen rund ums Jahr, zartschmelzende Ideen mit Schokolade und Caramel… Auch pikante Überraschungen zum Apéro, mh!

→ Art. 27140.998

Saucengerichte

Neue Saucengerichte für jede Gelegenheit: international inspiriert, klassisch und neu interpretiert, mit Pasta, auch kalte Saucen und Dips. Mit vielen Tipps und Tricks.

→ Art. 27180.998

Schnell & einfach Band 1

100 Lieblingsrezepte aus der Betty Bossi Zeitung. Die «schnell & einfach» -Rezepte sind in nur 30 Minuten zubereitet. 25 schnelle und feine Ideen für jede Jahreszeit.

→ Art. 27088.998

Schnell & einfach Band 2

Nach dem Bestseller 2015 erscheint neu Band 2: Er enthält Ihre 100 beliebtesten Rezepte aus der Rubrik «schnell & einfach» der Betty Bossi Zeitung von 2015 bis 2019.

→ Art. 27154.998

Schwiizer Chuchi

Traditionsreiche Klassiker, neue, marktfrische Küche mit einheimischen Zutaten. Dazu Klassiker, neu interpretiert: aus denselben Zutaten ist ein neues Gericht entstanden, aber immer noch «ächt schwiizerisch».

→ Art. 27046.998

Topfbrote

Herrlich krosse Kruste, luftig feuchte Krume! Auch Teige ohne Kneten. Brot-Lieblingen wie Ruchbrot und viele neue Kreationen, auch Überraschungsbrote mit Wow-Effekt.

→ Art. 27162.998

Vegan

Entdecke in diesem Buch beliebte Klassiker, vegan interpretiert, und neue, trendige Kreationen, dazu viele Informationen, wie du dich gesund vegan ernähren kannst.

→ Art. 27186.998

Zart gegart

Kalb, Rind, Schwein, Lamm, Geflügel und Fisch: so zart und saftig! Niedergaren, Sous-vide und 120-Grad-Methode für edle und preiswerte Stücke mit Beilagen und Saucen.

→ Art. 27104.998

Ein Abo mit vielen Vorteilen

Betty Bossi Zeitung

10-mal pro Jahr beliebte saisonale Rezepte

- Rezepte für die kreative Alltagsküche und fürs Wochenende
- Mit der bewährten Betty Bossi Geling-Garantie!
- Viele clevere Tipps & Tricks

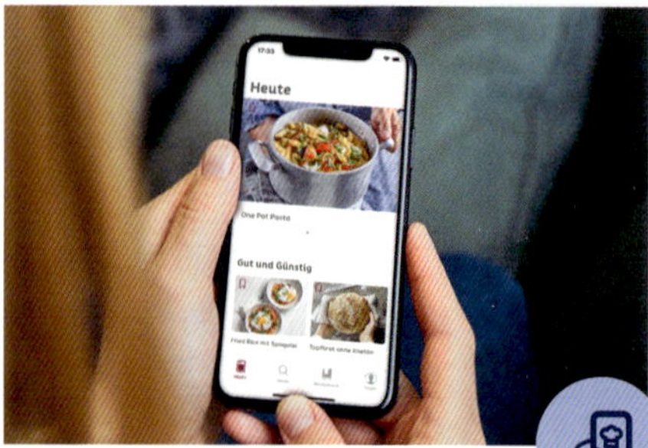

Betty Bossi App

Mit Ihrem Abo haben Sie vollen Zugriff auf alle Rezepte in der App

- Inklusive aller Zeitungsrezepte
- Favoriten speichern
- Tägliche Koch- und Back-Inspirationen

Abo-Vorzugspreise

Dank Ihrem Abo profitieren Sie von den exklusiven Vorzugspreisen auf Betty Bossi Produkte und neue Kochbücher.

Digitale Kochbücher

Mit einem aktiven Abo haben Sie gratis Zugriff auf die digitalen Versionen aller von Ihnen bei uns gekauften Betty Bossi Bücher.

Bestellen Sie mit der nachfolgenden Bestell-Karte oder unter bettybossi.ch/abos

Betty Bossi Print & Digital

Betty Bossi

Bitte frankieren

Bitte senden Sie mir weitere Bestell-Karten zu.

Anzahl: ______

Betty Bossi
Postfach
8902 Urdorf
Schweiz

Betty Bossi

Bitte frankieren

Bitte senden Sie mir weitere Bestell-Karten zu.

Anzahl: ______

Betty Bossi
Postfach
8902 Urdorf
Schweiz

Bestell-Karte für Betty Bossi Kochbücher

2019100

Anzahl		Artikel	Preis*
	Apéro & Fingerfood	27122.998	Fr. 36.95
	Backen in der Weihnachtszeit	27028.998	Fr. 21.95
	Betty backt mit dir	27182.998	Fr. 9.95
	Betty Bossi Backbuch	20003.998	Fr. 21.95
	Blitzgratin & schnelle Lasagne	27160.998	Fr. 21.95
	Brot & Brötchen	27118.998	Fr. 36.95
	Brownies & Brookies	27166.998	Fr. 21.95
	Cheesecakes	27158.998	Fr. 21.95
	Crème brûlée	27170.998	Fr. 21.95
	Das grosse Betty Bossi Kochbuch	27018.998	Fr. 49.95
	Das grosse Dessertbuch	27128.998	Fr. 36.95
	Die beliebtesten 50 Rezepte	27136.998	Fr. 17.95
	Echt italienisch	27068.998	Fr. 36.95
	Entspannt verwöhnen	27130.998	Fr. 36.95
	Früchtetraum	27168.998	Fr. 36.95
	Fruchtig-süsse Wähen	27102.998	Fr. 21.95
	Fruchtige Tiramisu	27120.998	Fr. 21.95
	Gesund & schlank Band 1	27064.998	Fr. 21.95
	Gesund & schlank Band 2	27076.998	Fr. 36.95
	Gesund & schlank Band 3	27092.998	Fr. 36.95
	Gesund & schlank Band 4	27098.998	Fr. 36.95
	Gesund & schlank Band 5	27108.998	Fr. 36.95
	Gesund & schlank Band 6	27116.998	Fr. 36.95
	Gesund & schlank Band 7	27132.998	Fr. 36.95
	Gesund & schlank Band 8	27146.998	Fr. 36.95
	Gesund & schlank Band 9	27172.998	Fr. 36.95
	Gesund kochen	27080.998	Fr. 21.95
	Grill-Beilagen	27152.998	Fr. 17.95
	Gugelhopf	27156.998	Fr. 21.95
	Gut & günstig	27178.998	Fr. 29.95
	Heute kocht mein Ofen	27112.998	Fr. 36.95
	Knusprig gebacken	27142.998	Fr. 36.95
	Knusprige Brötchen	27176.998	Fr. 21.95
	Kuchenduft	27074.998	Fr. 36.95
	Lava Cakes	27138.998	Fr. 21.95
	Lieblingsfleisch	27148.998	Fr. 36.95
	Lustvoll vegetarisch	27072.998	Fr. 36.95
	Pasta	27096.998	Fr. 36.95
	Restenlos geniessen	27110.998	Fr. 36.95
	Rolls & Schnecken	27164.998	Fr. 21.95
	Rouladen	27140.998	Fr. 21.95
	Saucengerichte	27180.998	Fr. 36.95
	Schnell & einfach Band 1	27088.998	Fr. 21.95
	Schnell & einfach Band 2	27154.998	Fr. 21.95
	Schwiizer Chuchi	27046.998	Fr. 36.95
	The Swiss Cookbook	27048.998	Fr. 36.95
	Topfbrote	27162.998	Fr. 21.95
	Vegan	27186.998	Fr. 14.95
	Zart gegart	27104.998	Fr. 36.95

Die Rechnung geht an Frau Herr

Kundennummer

Name

Vorname

Strasse

PLZ/Ort

*Preisänderung vorbehalten, zzgl. Versandkosten

Betty Bossi

Bitte frankieren

Bitte senden Sie mir weitere Bestell-Karten zu.

Anzahl: ______

Betty Bossi
Postfach
8902 Urdorf
Schweiz